中国社会科学院创新工程学术出版资助项目

中国经济高增长中的信贷扩张与金融扭曲

THE CREDIT EXPANSION AND FINANCIAL DISTORTIONS
IN THE ERA OF CHINA'S HIGH ECONOMIC GROWTH

张磊◎著

社会科学文献出版社
SOCIAL SCIENCES ACADEMIC PRESS (CHINA)

摘　要

本书通过建立一个引入资本品生产不确定性和信贷约束的干中学世代交叠模型来刻画出口导向型工业化经济增长方式同动员性货币金融体制之间的相互匹配关系，并由此解释中国改革开放以来货币金融扭曲没有阻碍经济增长和金融发展的体制成因。改革开放初期，由于面临突破低收入贫困陷阱、实现经济起飞的艰巨任务，中国亟须发展动员性货币金融体制，激励银行信贷扩张，动员储蓄，对所有合格借款人提供充分的信贷支持。中国动员性货币金融体制的核心机制就是由国家提供金融中介免于破产的隐性担保，信贷利率管制和信贷利率补贴相配合复制低利率信贷集中性均衡。

与此同时，中国还通过所选择的出口导向型工业化增长方式获得有效的信贷扩张风险控制机制。在出口导向型工业化增长方式下，中国的增长动力来自外部技术引进推动的国内要素和资本积累。在这一增长方式下，由于并不承担技术创新和市场销售的风险，中国经济的不确定性主要集中在产品生产上，并可通过干中学带来的学习效应逐步降低。这就造成中国经济风险程度较低，也为控制国家隐性担保下的信贷扩张风险提供了有利条件。一方面，在出口导向型工业化增长方式下，中国较低的经济风险程度意味着选择投资时机的价值不大，国家隐性担保下的信贷扩张可以在通过银行提前清算控制风险的同时，为迅速投资和生产提供最为便利的融资服务。另一方面，发达经济体借助其具有足够深度和宽度的资本市场，以供给合格储蓄工具方式，集中承担和处理在技术创新和市场销售上的更高的风险，并可以为其经常项目赤字融资。与此相对应，类似中国这样的后起经济体则通过将各种形式的流入资本再投资于发达经济体资本市场，比如美国国债市场，达到转移风险、抑制信贷过度扩张的目的。因此，中国借助银行提前清算和流入资本再投资于美国国债市场两大风险控制机制，在反周期宏观调控的金融宏观审慎监管的配合下，有效控制了动员性货币金融体制的信贷扩张风险。

正是得益于动员性货币金融体制和出口导向型工业化增长方式的相互配合，尽管中国产生了一系列货币金融扭曲，但人均 GDP 还是在 2003 年达到 1000 美元，开始步入中等收入国家行列，成功地实现了经济起飞。然而，包括劳动力在内的国内要素价格飙升，特别是 2008 年下半年全球金融危机的爆发，加剧了中国转变出口导向型工业化增长方式的压力，也造成动员性货币金融体制风险控制机制面临全面失灵的危险，并对其提出市场化转型要求。

关键词：经济起飞 动员性货币金融体制 出口导向型工业化增长方式 货币金融扭曲 市场化转型

ABSTRACT

Using a learning-by-doing overlapping generations model with production uncertainty of capital goods and credit constraints, this book depicts the match relationships between the export-promotion industrialization growth mode and the mobilizing monetary and financial system, explains the institutional reasons why monetary and financial distortions haven't hampered economic growth and financial development since 1978. In order to break through low income poverty trap and achieve economic take-off at the initialzation of reform and opening-up, China has to develop the mobilizing monetary and financial system to produce credit expansion incentives, mobilize saving and provide credit supports to all qualified borrowers. The core mechanism of mobilizing monetary and financial systems is the copying of low interest rate pooling equilibrium with the joint action of state implicit guarantee for financial intermediaries against bankruptcy of credit interest rate control and credit interest rate subsidy.

At the same time, China chooses export-promotion industrialization growth mode to realize credit expansion risk control mechanism. With the export-promotion industrialization growth mode, China's growth propulsion is from domestic production factor and capital accumulation enhanced by imported technologies. In such a growth mode, without taking the risk of technical innovation and market sales, China's economic uncertainty is mainly concentrated on goods manufacturing and such uncertainty decreases gradually through learning effect in the process of learning-by-doing. Due to relatively low economic risk, China can control credit expansion risk under state implicit guarantee. On one hand, China's low risk means investment timing has little value so that the credit expansion under state implicit guarantee can control the risk in advance through bank liquidating and provides the most convenient financing services for investment and production. On the other hand, advanced economies supply qualified saving instruments to pool and manage higher risk of technical innovation and market sales and finance for their current account deficits in their capital markets with adequate width and depth. As a developing economy, China reinvests the capital inflows in capital market in advanced economies', such as the United States Treasury Bond Market, to transfer its financial risk and suppress the excessive credit expansion. Therefore, with the help of financial macro prudential supervision, China uses two kinds of credit expansion risk control mechanism, including bank liquidating ahead of time and reinvesting the capital inflows in the United States Treasury Bond Market, to control credit expansion risk effectively.

With the help of coordination between the mobilizing monetary and financial systems and the export-promotion industrialization growth mode, China realized economic take-off successfully and became one of middle income economies in 2003 with a series of monetary and financial distortions. However, the rapid rise of domestic factor prices and the outbreak of the global financial crisis in the second half of 2008 exerted great pressure on China's transformation efforts on export-promotion industrialization growth mode, brought risks of full failures to mobilizing credit expansion risk control, and required the marketization transformation of this mechanism.

Key Words: Economic Take-Off   Mobilizing Monetary and Financial System Export-promotion Industrialization Growth Mode   Monetary and Financial Distortions Marketization Transformation

目　录

CONTENTS

一 货币金融扭曲为什么没有成为中国经济高增长的障碍

金融发展和经济增长的关系问题一直是经济学研究的热点之一。经济学的主流观点通常认为金融发展能够促进经济增长。Pagano（1992）运用一个金融部门影响内生增长模型较为集中地揭示了这一理论可能性[①]。模型由 3 个基本方程构成。第一个方程中，总产出 Y 是总资本积累 K 的线性函数。

$$Y_t = AK_t \tag{1-1}$$

其中，A 代表资本 K 的边际生产率，这里的 K 为物质资本和人力资本的总和。

[①] Pagano. Macro, "Financial Markets and Growth: An Overview", *Financial Markets Group Discussion Paper*, No. 153, London School of Economics, 1992.

第二个方程描述总投资 I 与资本 K 的关系，其中，K 每时期的折旧率为 δ：

$$I_t = K_{t+1} - (1 - \delta)K_t \qquad (1-2)$$

假定存在一个无政府的封闭经济，则资本市场均衡要求任一时期的总储蓄与总投资相等。不过，模型只是间接纳入了金融部门。鉴于部分储蓄被用于组织中介调节过程，在金融调节过程中会"损失"部分储蓄流量，其比例为 $1 - \phi$。因此，

$$\phi S_t = I_t \qquad (1-3)$$

上述经济增长率可以表示为：

$$g_{t+1} = Y_{t+1}/Y_t - 1 = K_{t+1}/K_t - 1 \qquad (1-4)$$

丢掉时间标识，并利用方程（1-1）、（1-2）和（1-3），则式（1-4）可重新写成：

$$g = A(I/Y) - \delta = A\phi(S/Y) - \delta = A\phi s - \delta \qquad (1-5)$$

其中，s 代表储蓄率。

在内生增长理论框架下，可以用式（1-5）来说明金融发展对经济增长的影响。首先，金融发展可以提高 ϕ。这表示金融调节过程中效率的提高可以减少在金融部门"损失"的资金。这就是麦金农（1988）所谓的导管效应，即强调使用现金及银行储蓄作为信贷约束下企业的资本积累渠道[1]。

其次，可以通过各种渠道提高资本产出率 A。特别地，金融部门被假定对

---

[1] 〔美〕罗纳德·I. 麦金农：《经济发展中的货币与资本》，卢聪译，三联书店，1988，第67页。

投资项目有审核和监督作用，并在不同的经济代理人之间重新分配风险，因此，有助于把储蓄流量投向最具生产力的项目，从而提高整体资本的生产率（阿根诺、蒙蒂尔，2004）①。金融部门能够审核和监督投资项目的作用被 Greenwood 和 Jovanovich（1990）的研究所强调②。在他们的模型中，资本既可以投资于一个安全但产出较低的技术中，又可投入到风险较高但产出也较高的技术中。对于风险较高的技术，其回报受到两种类型冲击的影响：一是总冲击，它同时影响所有的项目；二是与具体项目相关的特殊冲击。与个体企业家不同，金融部门具有很大的投资组合，能够有效识别总和性的生产率冲击，从而诱致其客户选择最适合当前冲击的技术。金融部门还能在不同的经济代理人之间重新分配风险。这种风险既包括来自于资产回报率变化的可分散风险，又包括无法保险的风险（比如来自于流动性冲击的风险）。在没有银行的情况下，家庭只能通过投资于能够迅速流动和清算的生产性资产来防范特殊的流动性冲击。因此，就会经常放弃更有生产力但不那么具有流动性的投资机会。Bencivenga 和 Smith（1991）通过一个内生分析框架指出，银行通过两种方式减轻流动性冲击风险引发的低效率，提高资本生产率，一是把资金导向流动性较小但产出较高的技术中，二是可以降低未成熟的清算风险来减少投资浪费③。

第三，金融发展可以影响储蓄率 s。有效的风险配置可以降低对预防性储蓄的需求，或金融发展可以使可用的信贷量增加，从而放松流动性约束，因而

---

① 〔美〕皮埃尔·理查德·阿根诺、彼得·J. 蒙蒂尔：《发展宏观经济学》，陶然等译，北京大学出版社，2004，第 2 版，第 594 页。

② Jeremy Greenwood, Boyan Jovanovic, "Financial Development, Growth, and The Distribution of Income", *Journal of Political Economic* 98（5），1990, pp. 1076 – 1107.

③ Valerie R. Bencivenga, Bruce D. Smith, "Financial Intermediation and Endogenous Growth", *Review of Economic Studies* 58（2），1991, pp. 195 – 209.

金融发展会诱致人们少储蓄。此外，金融发展趋向于降低利率总体水平，并改变利率结构，特别是缩短借款者和放贷者之间的利差（实质是金融部门相对价格下降和贸易条件恶化），这也将对储蓄率产生或正或负的不确定影响。不过，总体说来，由于存在互相冲突的效应，金融发展对储蓄率可能只有轻微的不确定影响。

根据上面的分析，金融发展对经济增长的影响可概括为金融发展能够提高储蓄中用于非金融部门投资比重 ϕ 和资本产出率 A，并对储蓄率 s 产生轻微的不确定影响，从而能够加速经济增长。

金融发展能够加速经济增长也得到了跨国经济发展的实证经验研究的支持。King 和 Levine（1993）考虑了 4 种金融深化程度的指标（金融系统流动性负债占国内生产总值的比例、除中央银行外的银行资产占中央银行和其他银行总资产的比重、私营部门所得到的国内信贷占国内总信贷的比重、私营部门所得到信贷占国内生产总值的比重），然后，研究了这些指标对长期实际国内生产总值增长、资本积累增长以及全要素生产率增长率的影响[1]。这些研究使用了 1960～1989 年 77 个国家的数据，并控制了其他标准的经济增长决定因素。他们所得到的惊人结果是所有这些金融深化指标对于被解释变量都有统计上显著、经济上重要的正面影响，从而给金融深化与资本积累和生产率增长之间的关系提供了很强的经验证据。此外，这种关系并不表现为由经济增长到金融指标之间的反向因果关系，因为当在增长方程中使用了金融深度指标初始而非同期值时，也得到相似的结果。Berthelemy 和 Varoudakis（1996）则分析了教育和金融欠发达的初始条件所导致的贫困

---

[1] Robert G. King, Ross Levine, "Finance and Growth: Schumpeter Might be Right", *Quarterly Journal of Economics* 108 (3), 1993, pp. 717–737.

陷阱和经济增长多重均衡对金融发展和经济增长经验关系的有偏估计，并指出当经济起飞的教育贫困陷阱已被打破时，金融欠发达极有可能成为经济增长的巨大障碍[1]。

Mckinnon-Shaw（1973）进一步以拉美金融发展经验为基础，提出金融压抑或金融深化理论，揭示出以金融压抑体现出来的金融扭曲可能会阻碍金融发展，进而损害经济增长[2][3]。Mckinnon（1993）将阻碍金融中介在其潜在技术水平上运行的政策和规定均定义为金融压抑的形式，通常包括：①低收益的法定准备金；②对贷款或存款利率的最高限价；③对金融资产征收通货膨胀税等做法[4]。金融压抑理论认为这些扭曲金融的做法将带来巨大的成本。比如，①利率压抑可能削弱储蓄激励和相应的经济增长；②利率压抑和强制的高准备金率会提高信用成本和限制信用规模；③利率长期压抑还可能导致正规金融部门的业务扩张和发展受到限制，以致地下中介盛行（所谓"结构主义者"的观点）。Rorbini 和 Sala－I－Martin（1992）通过对 52 个国家的分析证实金融压抑对长期经济增长率的负面影响[5]。他们根据拉美国家同其他国家有条件的聚合情况，把金融压抑指标并入经济增长方程式中，以解释拉美国家特别弱增长情况。

然而，中国的金融发展和经济增长实践却展示了与上述金融压抑或金融深

---

[1] J. C. Berthelemy, A. Varoudakis, "Economic Growth, Convergence Clubs, and The Role of Financial Development", *Oxford Economic Papers*, *New Series* 48 (2), 1996, pp. 300 – 328.

[2] Mckinnon, Ronald I., *Money and Capital in Economic Development* (Washington D. C：The Brookings Institution, 1973), pp. 68 – 88.

[3] Shaw, E., *Financial Deepening in Economic Development* (New York：Oxford University Press, 1973), pp. 80.

[4] Mckinnon, Ronald I., *The Order of Economic Liberalization*, 2nd ed (Baltimore Md. ：The Johns Hopkins University, 1993), pp. 43 – 65.

[5] Rorbini, N. and Sala－I－Martin X., "Financial Repression and Economic Growth", *Journal of Development Economics* 39 (1), 1992, pp. 5 – 30.

化理论预测截然不同的一番情景。一方面，中国改革开放以来稳定保持着近两位数的 GDP 增长率，成为世界经济史上最新的发展奇迹。另一方面，中国金融体制尽管存在部分类似拉美的金融扭曲，但并没有带来金融压抑，进而阻碍经济增长。在中国金融体制中，类似拉美的金融扭曲主要集中在两个方面：一是中国存在更为严格的存贷利率管制。如表 1 - 1 所示，金融机构贷款利率种类、水平、浮动幅度均受到严格的管制，相应的利率调整周期也较长，可达2~3 年。只是在经济波动较为突出的时期，利率调整频率才会有所提高，比如，2007 年贷款利率调整就多达 6 次。存款利率管制同贷款的极为相似，并且到目前为止，存款利率市场化改革尚未破题，以致毫无存款利率浮动幅度弹性可言。二是中国利率压抑现象同样较为明显。如图 1 - 1 所示，以金融机构1 年期存款实际利率为例，除了在经济波动较为突出的时期以外，即使同拥有类似金融体制并存在利率压抑现象的日本和韩国相比，中国实际利率也处于偏低的水平。这表明对中国的储蓄行为存在较高的隐性税收。不过，这样的金融扭曲并没有阻碍中国以货币化衡量的金融发展。长盛不衰的货币化进程构成了中国金融发展中最为突出的现象。如图 1 - 2 所示，货币化指数（M2/GDP）在改革开放以来特别是20 世纪 90 年代中期后迅速攀升，不仅大大高于主要发达国家，而且超过与中国发展水平相近的发展中国家。1992 年 M2/GDP 为0.9，此后持续不断上升，1997 年为 1.22，按照修正后的 GDP 数据，2006 年年底，中国的 M2 与 GDP 之比已达 1.66。2009 年，在宽松空前的货币政策推动下，货币化指数重拾升势，达到1.8。2010 年达到 2 的新高。同样重要的是，与金融扭曲并行不悖的金融发展还促进了经济增长。如图1-3所示，中国经济增长带有信贷扩张支持下的投资推动型特征。除了与投资和 GDP 有着较为一致的变动趋势外，中国信贷供给变动还对投资和经济增长保持着领先或同步。

表1-1 中国金融机构1年期存贷款普通利率

单位：年利率%

日期	存款[①]	贷款	日期	存款[①]	贷款
1980.01	5.40	5.04	1999.06[④]	2.25	5.85
1982.01	5.76	7.20	2002.02[④]	1.98	5.31
1985.01	6.84	7.20	2004.10[⑤]	2.25	5.58
1985.04	6.84	7.92	2006.08	2.52	6.12
1988.08	7.20	7.92	2007.03	2.79	6.39
1988.09	8.64	9.00	2007.05	3.06	6.57
1989.02	11.34	11.34	2007.07	3.33	6.84
1990.03	11.34	10.08	2007.08	3.60	7.02
1990.04	10.08	10.08	2007.09	3.87	7.29
1990.08	8.64	9.36	2007.12	4.14	7.47
1991.04	7.56	8.64	2008.09	4.14	7.20
1993.05	9.18	9.36	2008.10	3.60	6.66
1993.07	10.98	10.98	2008.11	2.52	5.58
1995.07	10.98	12.06	2008.12	2.25	5.31
1996.05	9.18	10.98	2010.10	2.50	5.56
1996.08	7.47	10.08	2010.12	2.75	5.81
1997.11[②]	5.67	8.64	2011.02	3.00	6.06
1998.03[②]	5.22	7.92	2011.04	3.25	6.31
1998.07[③]	4.77	6.93	2011.07	3.50	6.56
1998.12[③]	3.78	6.39			

注：①金融机构以人民币存款基准利率为上限，下限为0。

②在短期贷款法定利率基础上可上浮10%，下浮10%；农村信用社贷款利率最高可上浮40%，下浮10%。

③自1998年11月起，金融机构对小企业贷款利率可在法定贷款利率基础上上浮20%，大中企业上浮10%，农村信用社贷款利率最高可上浮50%；金融机构贷款最低下浮10%。

④自1999年9月起，金融机构对中小企业贷款利率可在法定贷款利率基础上上浮30%，对大型企业贷款利率最高上浮10%；金融机构贷款最低下浮10%。

⑤金融机构（城乡信用社除外）贷款利率不再设上限。城乡信用社贷款利率最大上浮系数为贷款基准利率的2.3倍，下浮幅度不变。

资料来源：CEIC。

由此可见，中国的货币金融扭曲并没有成为金融发展和经济增长的障碍，与拉美的金融压抑和经济弱增长形成了鲜明的对照。这就给我们提出了一个值得深思的问题，即究竟是什么原因使得中国货币金融扭曲没有成为金融发展和经济增长的障碍，其经济合理性何在，并且前景如何？

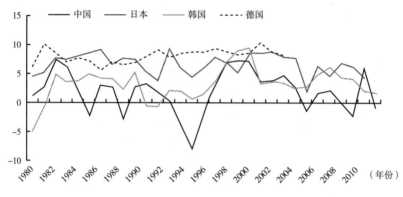

图 1－1　中国金融机构 1 年期存款实际利率

资料来源：CEIC。

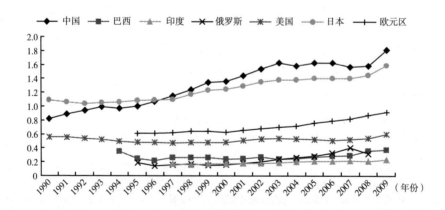

图 1－2　部分国家 M2 与 GDP 之比的趋势

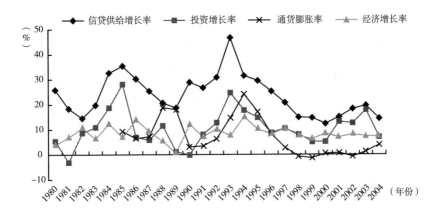

图 1 – 3　中国改革开放以来的信贷扩张、投资、增长和通胀

资料来源：信贷扩张根据 IMF 提供的货币和准货币计算，投资、增长和通胀等其余数据均来自美国 NBER 的 PWT6.0。

二　文献回顾

对中国货币金融扭曲没有阻碍金融发展和经济增长的研究，更多地从属于对经济高速增长的东亚经济体（HPAEs）类似经济现象的研究[①]。这是因为中国金融发展和经济增长的经验并非孤证。处于经济起飞时期的 HPAEs，特别是日本和韩国的货币金融体制同样具有上述扭曲特征，并产生了类似的经济后果。对 HPAEs 和中国货币金融没有阻碍金融发展和经济增长问题的回答，有三大基本思路：

第一种思路是古典式的，认为这基本属于一个伪问题。卢卡斯（2003）认为，货币和金融因素在经济发展中本来就处于次要地位，只不过在大众甚至

---

① 根据世界银行的界定，HPAEs 系指日本、"四小虎"（中国香港、韩国、新加坡、中国台湾）以及东南亚的 3 个新兴工业化国家（印度尼西亚、马来西亚和泰国）。

职业化讨论中被过分强调了①。卢卡斯的观点实际上遵循了古典经济学的货币和金融研究传统。在古典经济学中，货币仅仅是面纱，只对短期波动有较大影响，对长期经济增长并没有决定性作用。既然货币金融因素在经济增长中无足轻重，再去讨论货币金融扭曲是否会阻碍金融发展和经济增长就实属多余。

第二种思路实际上是金融压抑理论的进一步发展。金融压抑理论认为，拉美的发展中经济体之所以会选择金融压抑的体制，可能源于其正规税制发展滞后，需要通过金融压抑的隐性税收来弥补财政收入不足。由此可见，金融压抑和正规税制扭曲之间就形成了一对极有价值的经济替代关系。只要金融压抑不过度，能够有效弥补正规税制发展的不足，其所引发的金融扭曲就不会阻碍金融发展和经济增长。Bencivenga 和 Smith（1992）通过一个一般均衡模型，探讨了发展中国家在财政赤字需货币化的情况下，最优通货膨胀税以及相应的最优金融压抑程度决定问题②。Dornbush 和 Reynoso（1989）在研究拉美金融因素在经济发展中作用的有关经验后认为，只要不出现恶性通货膨胀，除非存在过度的金融抑制（由过低的资产回报反映），否则，轻微的货币金融扭曲并不阻碍经济增长③。相反，在存在恶性通货膨胀条件下，金融自由化反而会加剧金融不稳定，从而损害经济增长。Fry（2001）则指出，过高的实际正利率和过低的实际负利率都不利于经济增长④。其中，过高的实际正利率可能反映了高通货膨胀引发的风险增加，过低的实际负利率则可能反映了严重的金融抑制

---

① 小罗伯特·E. 卢卡斯:《经济发展讲座》，罗汉、应洪基译，江苏人民出版社，2003，第20～66 页。

② Bencivenga, Valerie R., Smith, Bruce D., "Deficits, Inflation, and The Banking System In Developing Countries: The Optimal Degree of Financial Repression", *Oxford Economic Papers*, *New Series* 44 (4), 1992, pp. 767 – 790.

③ Rudiger Dornbush, Alejandro Reynoso, "Financial Factor in Economic Development", *American Economic Review* 79 (2), 1989, pp. 204 – 209.

④ Maxwell J. Fry, "In Favour of Financial Liberalisation", *Economic Journal* 107 (442), 1997, pp. 754 – 770.

程度。Fry 还证明，对于太平洋地区发展中市场经济国家或地区所取得的平均水平之上的经济成就，其大部分能用它们微不足道的金融抑制水平解释，正如测度到的实际利率和黑市汇率升水显示的那样。它们相对未扭曲的金融和外汇市场，刺激了投资和出口增长。高投资和快速的出口增长加速了经济增长；高速经济增长和未扭曲的金融外汇市场又增加了储蓄和投资率。换言之，太平洋地区发展中市场经济国家或地区金融抑制程度较低保证了适度的实际利率水平，从而促进了金融发展和经济增长（尼尔斯·赫米斯和罗伯特·伦辛克，2001）[①]。

第三种思路涉及发展中经济体在经济起飞时期储蓄动员和资本积累的特殊作用，并解释由此形成的带有扭曲特征的货币金融制度安排的合理性。这一思路又可进一步区分为两类：①金融约束理论。Hellmann，Murdock 和 Stiglitz（1996）从不完全信息和其他交易成本引起金融市场失灵的前提出发，提出用一套可称之为金融约束的政策组合来提高金融市场效率[②]。金融约束的两个基本组成部分是存款利率控制和对金融部门竞争数量的限制。金融约束代表一组用来创造租金机会的金融政策，这些政策会诱使金融部门中的经营主体去进行一些在竞争市场中提供不足却有益的金融活动，比如信息生产和金融中介扩张等。金融约束理论特别强调金融约束与金融压抑的差别。该理论认为，在金融压抑中，为了筹资解决预算赤字，政府压低存贷款利率，利用金融部门从私人部门抽取租金。但金融约束则不同，政府不是从私人部门抽取租金，而是在私人部门内部创造租金。当政府创造了租金机会以后，允许利润最大化的公司去

---

① 〔荷〕尼尔斯·赫米斯、罗伯特·伦辛克：《金融发展与经济增长——发展中国家（地区）的理论与经验》，余昌淼等译，经济科学出版社，2001，第 149~170 页。

② Hellmann, T., K. Murdock and J. Stiglitz, "Financial Restraint: Toward a New Paradigm", forthcoming in M. Aoki, M. Okuno-Fujiwara and H. Kim eds, *The Role of Government in East Asian Economic Development*, *Comparative Institutional Analysis* (New York: Oxford University Press, 1996), p. 163.

追求这些租金，私人信息就可纳入到分配决策中去。因此，效率最高的公司或银行获益最多，成长也最快。很显然，金融约束理论的政策对策与金融压抑理论针锋相对。前者认为，只要设计得当，适度的金融扭曲并不必然带来金融压抑，反而可以激励金融发展。由此可见，金融约束理论是从弥补市场失灵视角来解释适度的货币金融扭曲不会阻碍金融发展和经济增长。②传统的发展经济学文献。希法亭（1994）将19世纪末20世纪初德国的金融体制本质概括为由金融资本和产业资本相互融合形成的金融寡头，并提出在未来社会主义经济中，国家可以运用金融寡头形式，加速信贷扩张、资本积累和经济增长的设想①。在对后来者经济赶超的研究中，格申克龙（2009）在提出由经济增长潜力巨大和资本积累严重不足引发的后起经济体资源动员和组织的格申克龙难题基础上，将金融创新及政府对它的推动放到了自己理论的核心部分。对付这样的后发劣势，必须对后起经济体金融发展实行更高强度的政府干预②。Evans（1995）则进一步在巴西、印度和韩国经验的基础上提出了"发展的政府"（Developmental State）概念③。Patrick（1966）就经济增长和金融发展间的互动关系提出了金融发展的"需求导向"和"供给导向"两分法④。"需求导向"的金融发展是实体经济部门发展的结果。这就意味着市场不断开拓和产品不断增长，必须更有效地分散风险以及更好地控制交易成本，因此，金融发展在经济增长过程中起了更好的推动作用。同时，"供给导向"的金融发展先于对金融服务的需求，因而对经济增长有着自主的积极影响。特别是对动员那

---

① 〔德〕鲁道夫·希法亭：《金融资本》，福民等译，商务印书馆，1994。

② 〔美〕亚历山大·格申克龙：《经济落后的历史透视》，张凤林译，商务印书馆，2009，第8~36页。

③ Evans, Peter, *Embedded Autonomy: States and Industrial Transformation* (New Jersey: Princeton University Press, 1995).

④ Patrick H. T., "Financial Development and Economic Growth in Underdeveloped Countries", *Economic Development and Cultural Change* 14 (2), 1966, pp. 174 – 189.

些阻滞在传统部门的资源，使之转移到能够促进经济增长的现代部门，并确保投资于最有活力的项目方面，起到基础性作用。Patrick 提出的假说是"供给导向"的金融发展对早期的经济发展有着支配作用。一旦经济发展趋于成熟，"需求导向"的金融发展就该发挥作用了。此外，发展中国家同发达国家之间的差距越大，则越有可能遵循"供给导向"的金融发展模式。世界银行（1994，2000）主要从东亚经济体宏观经验和金融市场不完善角度，充分肯定了后起经济体在经济起飞时期通过带有扭曲特征的货币金融制度安排支持信贷扩张、加速投资的价值①②。

由于那种认为货币金融因素在经济增长中无足轻重的思路无法解释拉美与亚太经济体特别是中国金融发展和经济增长经验的显著差异，针对中国货币金融扭曲没有阻碍金融发展和经济增长的直接探讨主要围绕上述后两种思路展开。

（1）部分文献认为，中国具有货币化水平低下这一绝佳的初始条件，从而减轻了压抑货币金融获取隐性税收的压力和相应的货币金融扭曲程度。世界银行一份发展报告（1996）认为，中俄在经济转轨过程中经济增长绩效之所以大相径庭，关键在于相对于俄罗斯，中国转轨初期滞后的货币化进程缓解了中国政府在推动价格改革以提高资源配置效率、改善经济增长绩效和保持财政以及宏观经济稳定间的两难困境③。在转轨开始时，中国和俄罗斯金融系统存在很大的差异。中国的金融体系不发达，货币存量（M2）只相当于 GDP 的 25%，而俄罗斯经济在 1990 年就完成了货币化，货币化水平（M2/GNP）为 100%。与中国货币化进程相伴随的铸币税增长，正好弥补了最为重要的计划经

---

① 世界银行：《东亚奇迹——经济增长与公共政策》，财政部世界银行业务司译，中国财政经济出版社，1994。

② 世界银行：《东亚奇迹的反思》，王玉清等译，中国人民大学出版社，2000。

③ 世界银行：《1996 年世界发展报告：从计划到市场》，财政部世界银行业务司译，中国财政经济出版社，1996。

济隐性税收组成部分的扭曲价格体系消除所带来的财政收入不足，从而减轻了由财政赤字货币化所导致的通货膨胀压力，促进了宏观经济稳定。易纲（1996）对中国货币化进程及其影响进行了实证研究。中国经济在 1979～1984 年迅速货币化，这一时期农业部门的制度变迁、乡镇企业及个体经济的迅速增长使现金需求的增长远远超过由收入上升引起的交易需求的增加（从 M2 供求角度考察也是如此）。上述货币化进程在 1985 年基本完成，只是到了 1992 年以后才重新获得助力[1]。很显然，从货币化进程视角解释中国货币金融扭曲没有阻碍金融发展和经济增长的成因从属于金融压抑理论思路。这是因为该学派对金融压抑解除的对策就是强制优先控制预算赤字，然后实现金融自由化。正是得益于货币化初始水平低下，中国才能够在不过度扭曲货币金融的条件下，实现对渐进价格改革的财政补贴融资。

（2）更多的文献承认带有扭曲特征的中国货币金融体制具有激励信贷扩张的功能，并肯定其在动员储蓄和支持投资推动型经济增长中的作用。其中，一类文献侧重于对激励信贷扩张的货币金融体制及其影响资本积累和经济增长机制的描述。黄达（1984）从货币的交易媒介性质和贷款创造存款的信贷扩张过程，阐述了允许银行参与企业全额流动资金和固定资产投资贷款，加速经济增长的必要性和可行性[2]。曹尔阶、李敏新、王国强（1992），尚明、吴晓灵、罗兰波（1992）描述了国有银行成为企业全额流动资金和固定资产投资贷款主体的制度变迁过程[3][4]。张兴胜（2002）较为详细地描述过中国所存在的金融抑制现象，如金融中介利率管制，政策性信贷控制，信贷规模控制，高

---

[1] 易纲：《中国的货币、银行和金融市场：1984～1993》，三联书店、上海人民出版社，1996，第 152 页。

[2] 黄达：《财政信贷综合平衡导论》，中国金融出版社，1984，第 84～166 页。

[3] 曹尔阶、李敏新、王国强：《新中国投资史纲》，中国财政经济出版社，1992，第 276～459。

[4] 尚明、吴晓灵、罗兰波：《银行信用管理与货币供应》，中国人民大学出版社，1992，第 208～334。

准备金制度和金融开放控制，等等。并指出通过上述金融抑制形成的政策性贷款首先支持了国有企业投资，带动了就业并保持了宏观经济稳定；进而通过国有企业与非国有经济部门的资金、技术和人才交流，也同样支持了非国有经济部门的高速发展①。张杰（1998）同样肯定了通过金融抑制方式补贴体制内增长（主要指国有企业）对促进宏观经济稳定和增长的极端重要性②。1987～1995 年，中国公共部门（包括政府预算与国有企业）的赤字平均占 GDP 的 11.16%，而通过金融渠道融资占 GDP 的比重高达 7.09%。张杰认为国有银行的过早商业化改革本身并不符合渐进改革的逻辑。一旦国有银行过早地在经济转轨之前实现了转制，就意味着它将成为一个追求利润最大化的金融组织，在没有可与之竞争的其他金融产权形式的情况下，国有银行会以垄断者的面目出现，即开出较高的资金价格，而提供更少的信贷支持。这样，会使改革（尤其是拨改贷）以后以国有银行信贷资金为依托的国有企业资本结构迅速瓦解，并伴随产出的迅速下降。张杰（2003）还剖析了通过金融抑制方式补贴体制内增长的可能机制，即国有银行特殊的资本结构③。对于国有银行来说，居民存款实际上起着替代国家注资的作用，在国家的有力担保之下，国有银行完全可以把居民储蓄存款的相当一部分视为自有（国有）资本；由国家直接注资与在国家担保下吸收存款，其效用是完全等价的。换言之，以国家提供国有银行免于破产以及存款隐性担保体现出来的国家信誉才是国有银行资本金最重要的组成部分。正是在这种国家隐性担保支持下，国有银行才能在国家注资严重不足的情况下，继续稳定吸收居民储蓄存款，并通过政策性贷款方式对体制内增长提供金融支持（补贴）。另一类文献侧重于对信贷扩张支持投资推动型经

---

① 张兴胜：《经济转型与金融支持》，社会科学文献出版社，2002。
② 张杰：《渐进改革中的金融支持》，《经济研究》1998 年第 10 期。
③ 张杰：《中国国有银行的资本金谜团》，《经济研究》2003 年第 1 期。

济增长的理论分析。谈儒勇（2000）认为，中国已具备实行金融约束的条件，即利率为正和通货膨胀率较低，并认为当时是实行金融约束的大好时机①。王晋斌（2000）更是在辨析金融压抑和金融约束理论差异的基础上提出 20 世纪 90 年代的中国对金融改革采用了既发展又控制的政策②。金融控制为改革提供了所需要的资本，同时，让居民个人参与政府主导下的资本市场交易来使风险社会化。实际上，王晋斌提出了一个通过引入资本市场发展来化解体制内扭曲的银行体制风险的假说。中国社会科学院经济研究所经济增长与宏观稳定课题组的一系列研究成果较为深入地研究了干中学的经济增长和中国极具资源动员能力的现行货币金融体制之间的关系。学术界一般将中国现行经济增长方式概括为出口导向型工业化，在性质上属于由外部技术引进推动的国内要素和资本积累，干中学则构成了其核心增长机制（中国社会科学院经济研究所经济增长与宏观稳定课题组，2006）③。与这种增长方式相配套，中国形成了极具资源动员能力的货币金融体制。中国社会科学院经济研究所经济增长与宏观稳定课题组（2007）运用一个基于干中学的信贷扩张模型，将这种动员性货币金融体制概括为"三驾马车"，即国家隐性担保下的银行信贷扩张、兼顾经济增长和通货膨胀控制的货币政策和基于资本管制的固定汇率制④。其中，由国家隐性担保和利率管制相配合复制信贷集中性均衡，激励银行信贷扩张，尽管会恶化信贷市场逆选择问题，为此付出银行不良信贷资产累积和宏观经济不稳定的成本，但从企业投资和经济加速增长中得到弥补。基于资本管制的固定汇率

---

① 谈儒勇：《金融发展理论与中国金融发展》，中国经济出版社，2000。
② 王晋斌：《金融控制、风险化解与经济增长》，《经济研究》2000 年第 4 期。
③ 中国社会科学院经济研究所经济增长与宏观稳定课题组：《干中学、低成本竞争机制和增长路径转变》，《经济研究》2006 年第 4 期。
④ 中国社会科学院经济研究所经济增长与宏观稳定课题组：《金融发展与经济增长：从动员性扩张向市场配置的转变》，《经济研究》2007 年第 4 期。

制形成了银行信贷扩张的有效约束条件，即与国际收支平衡相匹配的通货膨胀率，并由此获得相应的通货膨胀控制机制。通货膨胀控制机制的获得成功缓解了货币政策平衡经济增长和通货膨胀控制难题，使得银行信贷扩张加速企业投资和经济增长具有可持续性。张磊（2010）则通过将生产的不确定性纳入干中学的增长模型，集中探讨了国家隐性担保下的银行信贷扩张风险控制的微观机制①。张磊将中国现行的货币金融体制概括为政府主导型金融体制，在性质上属于由国家提供金融中介免于破产的隐性担保、信贷利率管制和及信贷利率补贴相配合复制低利率信贷集中性均衡（Pooling Equilibrium）。国家隐性担保、信贷利率管制和信贷利率补贴三者之间相辅相成。其中，信贷利率管制意味着信用风险程度不同的借款人（企业家）支付相同利率（信贷集中性均衡的实质），国家隐性担保维持了信贷市场的存在，信贷利率补贴则激励了低风险的借款人（企业家）进入信贷市场，有助于改善借款人（企业家）的整体质量，降低信贷市场的维持成本。很显然，这样的政府主导型金融体制的优点在于能够对所有合格借款人提供充分的信贷支持，最大限度地动员资源，推动出口导向型工业化或干中学的经济增长。与此同时，出口导向型工业化或干中学的经济增长则提供了同政府主导型金融体制最为匹配的增长方式，促进了相应的金融风险控制。出口导向型工业化或干中学的经济增长在产品市场结构上倾向于竞争性，造成投资项目具有数量多、期限短、规模小和不确定程度低等一系列特点，为控制金融风险创造了有利条件。首先，竞争性产品市场所蕴涵的巨大投资项目数量降低了提前清算可能带来的错杀成本，发挥了投资项目质量事后信号显示功能，还可能由此培育出有效的借款人（企业家）声誉机制，改善资本配置。投资项目一时失败有两种可能，一是该投资项目事前就不合格，二是该投资项目受到负面的外部冲

---

① 张磊：《后起经济体为什么选择政府主导型金融体制》，《世界经济》2010 年第 9 期。

击，变得事后无效率。由于在政府主导型金融体制中无法有效实现投资项目融资成本事前的差别化定价，对一时失败的投资项目不加区分地予以提前清算，将很难避免错杀现象。好在数量众多的投资项目促进了提前清算成本的有效控制。其次，投资项目期限较短也有助于降低提前清算成本。最后，单个投资项目信贷规模较小将起到类似信贷配给的作用，同样有助于控制金融风险。出口导向型工业化或干中学的经济增长意味着在产业技术上资本密集程度较低，在产业组织上以中小企业为主，这两者无疑均有助于控制投资项目信贷规模。

不过，也有部分文献倾向于否定中国现有金融发展甚至银行业发展对经济增长的推动作用。周业安（1999）实证分析了中国政府的金融抑制政策对企业融资能力的影响[1]。Boyreau-Debray（2003）用 1990～1999 年的分省面板数据考察中国银行业发展对各省经济增长的影响[2]。该文发现，中国银行体系的储蓄规模、国有银行的信贷规模与经济增长之间具有负向关系。王晋斌（2007）根据区域银行存款量与区域信贷量之间的长期相关性划分不同金融区域，并发现在金融控制强的区域金融发展对经济增长没有显著促进作用，金融发展不是经济增长的解释因素，而会产生负面的作用；在金融控制弱的区域，金融发展与经济增长之间可能表现出一种"中性"的作用关系[3]。陈雨露、马勇（2008）在引入社会信用文化、法律传统、政府治理及管理能力等控制因素后发现，新兴市场国家金融体系结构越是倾向于"银行主导型"，其经营成本相应越高，效率越低[4]。李富强、董直庆、王林辉（2008）在经济增长核算

---

[1] 周业安：《金融抑制对中国企业融资能力影响的实证研究》，《经济研究》1999 年第 2 期。

[2] Boyreau-Debray，"Financial Intermediation and Growth: Chinese Style"，*World Bank Policy Research Working Paper*，No. 3027，2003.

[3] 王晋斌：《金融控制政策下的金融发展与经济增长》，《经济研究》2007 年第 10 期。

[4] 陈雨露、马勇：《社会信用文化、金融体系结构与金融业组织形式》，《经济研究》2008 年第 3 期。

中引入制度因素后发现，金融发展对经济增长没有起到显著的正向作用，反而更多体现了市场化、产权制度改革和经济增长的后果①。部分文献从信贷扭曲角度，探讨了中国金融发展特别是银行业规模阻碍经济增长的可能机制。黄达、周升业（1981）较早地界定了信用膨胀概念，并指出信用膨胀最终必将引发通货膨胀②。引起货币投放的贷款，必须以本期流通中货币必要量的增加额为准。超过这个界限会形成过多的货币投放，即信用膨胀。至于引发信贷投放过多和通货膨胀体制的成因可具体概括为：因体制改革不到位，企业和各投资主体将资金过多地配置于固定资产投资，以及银行固定资产投资贷款规模高速增长，助长了固定资产投资膨胀，使得被迫采用信用膨胀方式缓解企业流动资金不足问题。由固定资产投资过度引发信用和通货膨胀由蒋跃（1986）较早提出；王一江（1994）在政府追求产出最大化、政府参与企业资源配置、政府与企业存在资源配置的信息不对称等一系列假定下，更加严格地论证了这一理论可能性③④。钱彦敏（1996）则从企业产权改革滞后和相应的内部人控制角度论证了代表性国有企业产出高于社会最优水平，倒逼出过度信贷投放和货币供给的机制⑤。钟伟、宛圆渊（2001）通过引入预算软约束，构建了金融危机的信贷扭曲膨胀微观基础，并提出防范这种类型的金融危机，必须从减少政策性负担、弱化政府隐含担保和引入竞争性金融体系入手⑥。易纲、林明（2003）提出，国有企业事后的费用最大化从而事前的投资最大化是中国经济

---

① 李富强、董直庆、王林辉：《制度主导、要素贡献和我国经济增长动力的分类检验》，《经济研究》2008 年第 4 期。

② 黄达、周升业：《什么是信用膨胀，它是怎样引起的？》，《经济研究》1981 年第 11 期。

③ 蒋跃：《当前流动资金短缺机制及其缓解对策》，《经济研究》1986 年第 5 期。

④ 王一江：《经济改革中投资扩张和通货膨胀的行为机制》，《经济研究》1994 年第 6 期。

⑤ 钱彦敏：《论企业外部性行为与货币政策效率》，《经济研究》1996 年第 2 期。

⑥ 钟伟、宛圆渊：《预算软约束和金融危机理论的微观建构》，《经济研究》2001 年第 8 期。

规模扩张的主要动力，但这种增长方式成本极高，其直接后果是形成巨大的银行不良资产[1]。然而，正如 Rioja 和 Valev（2004）所指出的那样，金融发展与经济增长的关系在不同阶段具有不同的表现形式：发达国家主要通过影响生产力来促进经济增长，而发展中国家则主要通过资本积累来促进经济增长[2]。杨胜刚、朱红（2007）运用中国中部地区的金融发展数据在一定程度上验证了这一点[3]。鉴于中国干中学的经济增长特征，上述实证研究成果还不足以推翻中国现有金融发展特别是银行业发展对经济增长推动作用的判断。因此，有关中国银行业发展与经济增长的实证研究分歧，更应该被解释为尽管在资本配置效率方面并不突出，中国现行的货币金融体制在动员储蓄和支持投资推动型经济增长上仍然发挥了不可替代的作用。王广谦（1996）的研究较有代表性地证实了这一点[4]。该研究通过对中国改革 17 年来金融发展与经济增长的实证分析，论证了金融数量扩张对经济的推动作用和效率较低对经济带来的负面影响。

综上所述，解释 HPAEs 和中国货币金融扭曲没有阻碍金融发展和经济增长成因的上述后两种思路均存在一定程度的不足。金融压抑文献都隐含着这样的假定，即（私人）金融部门不存在结构性障碍和低效率，政府干预只会产生金融扭曲，并阻碍金融发展和经济增长。这样的分析与东亚后起经济体金融发展和经济增长经验明显相悖。金融约束文献尽管从金融市场不完善角度出发，弥补了金融压抑理论分析中的缺陷，为通过适度的货币金融扭曲促进金融发展和经济增长提供了可能，但其主要不足是囿于金融发展的供给导向理论思

---

[1] 易纲、林明：《理解中国经济增长》，《中国社会科学》2003 年第 2 期。

[2] Rioja, F. and N. Valev, " Finance and the Source of Growth at Various Stage of Economic Development", *Economic Inquiry* 42（1），2004, pp. 127 – 140.

[3] 杨胜刚、朱红：《中部塌陷、金融弱化与中部崛起的金融支持》，《经济研究》2007 年第 5 期。

[4] 王广谦：《提高金融效率的理论思考》，《中国社会科学》1996 年第 4 期。

路，将金融发展的障碍仅仅归结于金融服务供给不足和相应的金融激励问题，而忽略了后起经济体金融发展在需求面可能面临的更严重问题，即由于投资不足和回报率偏低导致根本不需要金融发展（自然也无可能）。因此，金融约束文献似乎可以适用于所有经济体，对后起经济体由经济落后特征引发的金融发展（需求不足）特殊问题关注不够。传统的发展经济学文献则在强调经济增长和金融发展互动基础上对后起经济体金融体制选择问题的分析又前进了一步，提出了具有深远影响的"供给导向"和"需求导向"金融发展的两分法。不过，对这两者之间的互补性又关注不够。诚然，后起经济体更适宜实施"供给导向"的金融发展政策，但实施这一政策的前提却可能来自克服金融发展的需求障碍（由经济增长所决定）。换言之，低收入水平的欠发达陷阱使得金融体系不可能得到发展，这反过来又阻碍了资源向投资的分配，并减慢了经济增长。引入"供给导向"的金融发展政策正是为了突破这一欠发达陷阱，实现经济增长和金融发展的良性互动。格申克龙（2009）的分析尽管已涵盖了突破阻碍经济增长和金融发展的欠发达陷阱思路，但对金融发展机制的分析明显薄弱[①]。

上述后两种思路的局限性同样制约了针对中国货币金融扭曲没有阻碍金融发展和经济增长的直接探讨。从货币化初始水平低下出发，论证中国货币金融扭曲程度较低从而有利于金融发展和经济增长的文献，实际上只是对中国货币金融扭曲没有阻碍金融发展和经济增长的另一种经验描述。这类文献并没有能够回答麦金农（1997）提出的 M2/GDP 高企和低通胀现象的"中国之谜"，即 M2/GDP 比率长期不断上升，却并没有带来严重影响的持续通货膨胀[②]。强调信

---

① 〔美〕亚历山大·格申克龙：《经济落后的历史透视》，张凤林译，商务印书馆，2009，第 8～36 页。

② 〔美〕罗纳德·I. 麦金农：《经济市场化的次序：向市场经济过渡时期的金融控制》，周庭煜等译，三联书店，1997，第 271～276 页。

贷扩张对动员储蓄和支持投资推动型经济增长的特殊作用的文献触及了中国经济增长方式和货币金融体制之间的相互决定关系。不过，这类文献中的诸多研究仍过度侧重于相关机制的经验描述，中国货币金融扭曲没有阻碍金融发展和经济增长的成因问题依然悬而未决。以张杰（2003）的研究为例，该研究很有创造性地提出带有扭曲特征的中国货币金融体制促进经济增长的一种机制，即在国家隐性担保支持下，国有银行可以在国家注资严重不足的情况下稳定吸收居民储蓄存款，并通过政策性贷款方式对体制内增长提供金融支持（补贴）[①]。然而，这种国有银行免于破产以及存款国家隐性担保的可信度，即所谓的国家信誉并非纯粹是外生之物。只有在货币金融扭曲补贴体制内增长最终所带来的收益，即 GDP 特别是财政收入增长至少不低于补贴成本条件下，这种国有银行免于破产以及存款国家隐性担保才是可信的。而对上述国家信誉可信度问题，既有的相关成果并未做出有说服力的解释。更为严重的是，如果不能将上述国家信誉内生化，我们甚至可以得出现行的货币金融扭曲永远不会损害金融发展和经济增长的荒唐结论。中国社会科学院经济研究所经济增长与宏观稳定课题组（2006，2007）和张磊（2010）的研究虽然较好地解释了出口导向型工业化或干中学的经济增长和中国极具资源动员能力的现行货币金融体制之间的相互匹配关系，但没有清楚地揭示出口导向型工业化或干中学的经济增长中经济风险的分布状况，导致对现行体制的风险控制分析仍然薄弱[②③④]。中国社会科学院经济研究所经济增长与

---

① 张杰：《中国国有银行的资本金谜团》，《经济研究》2003 年第 1 期。

② 中国社会科学院经济研究所经济增长与宏观稳定课题组：《干中学、低成本竞争机制和增长路径转变》，《经济研究》2006 年第 4 期。

③ 中国社会科学院经济研究所经济增长与宏观稳定课题组：《金融发展与经济增长：从动员性扩张向市场配置的转变》，《经济研究》2007 年第 4 期。

④ 张磊：《后起经济体为什么选择政府主导型金融体制》，《世界经济》2010 年第 9 期。

宏观稳定课题组（2007）的模型并未正式涉及经济的不确定性，其对金融风险的控制体现在由资产无套利条件推导出来的银行信贷扩张有效约束条件，即与国际收支平衡相匹配的通货膨胀率[①]。张磊（2010）的研究也只涉及生产的不确定性，并未对相应的风险控制机制正式建模[②]。很显然，这两项研究成果并没有从出口导向型工业化或干中学的经济增长中经济风险分布状况出发，明确说明如此建模的合理性。由此可见，尽管从改革开放以来所处的经济增长阶段出发，能够更加有力地解释中国极具资源动员能力的现行货币金融体制安排及其带来的扭曲，但相关机制仍有待进一步系统和深入地研究。

三 本书的方法

为了进一步系统和深入地研究中国经济增长阶段和货币金融制度安排之间的相互作用，简要回顾一下中国在改革开放后发展具有高储蓄动员能力的货币金融体制成因及其相应机制无疑是有益的。

（一）经济起飞、储蓄动员和中国货币金融体制改革

刘霞辉（2003）在总结发达国家经济发展历史和理论分析的基础上，提出了一国产出增长的变动规律，其结果如图 1-4 所示。图中纵轴为人均 GDP，横轴为时间，中间的曲线为产出线，大致呈 S 状[③]。人均产量增长分为明显的两个阶段：在人均资本存量处于较低水平的增长阶段，随着人均资本的增加，

---

① 中国社会科学院经济研究所经济增长与宏观稳定课题组：《金融发展与经济增长：从动员性扩张向市场配置的转变》，《经济研究》2007 年第 4 期。
② 张磊：《后起经济体为什么选择政府主导型金融体制》，《世界经济》2010 年第 9 期。
③ 刘霞辉：《论中国经济的长期增长》，《经济研究》2003 年第 5 期。

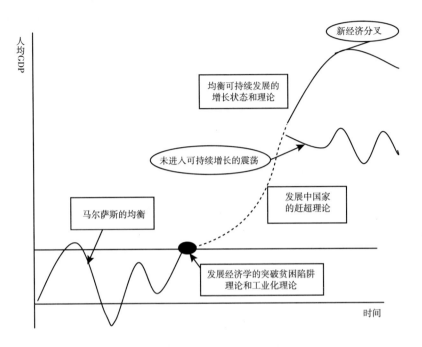

图 1 - 4 经济增长路径和经济理论

人均产值也呈加速增长之势，具有规模收益递增的特征，被经济学界看成起飞阶段。但加速经济增长并不是永远持续的，而是有一时间限度：当人均资本存量达到某一水平时，存在一拐点，高速增长到该点后，随着人均资本存量的进一步增加，人均产出将在越过该点后呈递减的增长趋势，其后就是遵循新古典增长的足迹。对不同的增长阶段应该用不同产出理论来解释，为与现有经济增长理论接轨，可以将这些阶段分为 Malthus 均衡、工业革命理论（或发展经济学）、卡尔多典型事实下的经济增长理论（即新古典理论）、新经济分叉。由此可见，在整个经济增长过程中，存在低收入、低资本存量和高收入、高资本存量两个均衡。在低收入、低资本存量均衡中，如果听任经济自由运行，由于收入水平偏低造成资本积累水平偏低，而资本积累水平偏低反过来又制约收入水平的提高，就形成了所谓的低收入贫困陷阱。为了突破低收入贫困陷阱，完成向高收入、高资本存量均衡的顺利过渡，必须发展包括货币金融在内的极具资源动员能力的体制，增强储蓄动员能力，支持投资推动型经济增长，实现经济起飞。通过特殊的货币金融制度安排，增强储蓄动员能力，支持投资推动型经济增长对后起经济体尤为重要。这与格申克龙（2009）提出的后发劣势有关①。尽管从表面上看，一个经济体起飞越晚，似乎越可以从引进外来技术、充分获得知识外溢效应中获得补偿，然而，其低下的收入水平和严重的资本积累不足将制约经济增长潜力的发挥。因此，发展具有高储蓄动员能力的货币金融体制，正是解决由经济增长潜力巨大和资本积累严重不足引发的后起经济体资源动员和组织的格申克龙难题的不二法门。

在改革开放初期，中国经济结构具有两大特点：一是当时的中国经济带有明显的后起经济体低收入水平贫困陷阱特征，人均 GDP 仍然偏低，并有大量的农村剩余劳动力等待转移，面临着紧迫的实现经济起飞任务。直到 20 世纪 90 年代初，中国人均 GDP 也只有 400 美元左右，仍处于世界后列。20 世纪 90 年代末，中国 12 亿人口仍有 9 亿生活在农村。这就构成了改革开放后知识（人力）资本严重稀缺（相对于原始劳动力数量）的中国经济增长的初始禀赋。很显然，面对这样的禀赋条件约束，中国当时经济增长最主要推动力只能来自通过不断引进国外相对成熟的标准化产业技术（主要是劳动密集型产业）以及使用原先积累的类似技术，带动知识（人力）资本投资和就业增加，依赖于中学方式进行经验知识积累，最终发挥经验对生产率的有益影响。二是受制于从计划经济时期承接的财政、信贷资金分口管理体制及其配套的财政、信贷综合平衡的宏观调控，当时的中国也缺乏具有高储蓄动员能力的货币金融体

---

① 〔美〕亚历山大·格申克龙：《经济落后的历史透视》，张凤林译，商务印书馆，2009，第 8~36 页。

制。所谓财政、信贷资金分口管理体制，系指财政部门以财政拨款方式满足企业固定资产投资资金和定额流动资金需要，银行信贷不参与固定资产投资活动，仅限于满足企业临时性超定额流动资金需要。很显然，在财政、信贷资金分口管理体制下，银行信贷基本被排除在直接参与固定资产投资活动之外。至于通过信贷扩张增加经济增长所需的货币供给间接参与固定资产投资活动的方式，也因计划经济时期财政、信贷综合平衡的宏观调控规则受到严格限制。由此可见，在计划经济时期，中国并不具备能够动员储蓄的货币金融体制。究其原因，关键在于在计划经济体制下，政府计划部门成了近乎唯一的储蓄和投资主体，并在理论上能够实现最大限度的储蓄动员，并不需要货币金融体制再具备储蓄动员能力了（兰格，1981）①。

不过，随着市场化改革的开启和不断推进，主要受国民收入分配格局变化的影响，早在 1981 年以后，中国储蓄和投资结构就已发生深刻变化。在这场变革中，政府部门储蓄长期以来不敷自身支出所用，企业部门在留成利润中扣除再分配给职工的一部分收入之后，其储蓄也满足不了自身投资的要求。于是，储蓄和投资的缺口只能靠家庭部门的储蓄来填补。很显然，储蓄和投资结构的变化和储蓄–投资差异日益扩大，意味着原有的以政府计划部门为中心的储蓄动员机制正日渐丧失功能，需代之以具有高储蓄动员能力的货币金融体制，从而使得金融业在储蓄–投资过程中成为储蓄者与投资者不可缺少的"媒人"。

由此可见，正是为了应对如此严峻的资源动员和组织的格申克龙难题以及相应的后发劣势，中国在改革开放后开始了发展具有高储蓄动员能力的货币金融体制，支持投资推动型经济增长的尝试。

---

① 〔波〕奥斯卡·兰格：《社会主义经济理论》，王宏昌译，中国社会科学出版社，1981，第144～160 页。

（二）信贷扩张、储蓄动员和出口导向型工业化

1. 信贷扩张和储蓄动员机制

正如长盛不衰的货币化进程所体现的那样，中国在改革开放后的储蓄动员主要是以银行信贷扩张方式进行的，我们可以通过运用代表性商业银行资产负债简表较为全面地揭示信贷扩张动员储蓄机制。如表 1 - 2 所示，银行信贷扩张规模的直接约束条件有两个：①充足的资本金率；②充足的准备金率。根据不完全信息、委托代理和金融合同的激励与约束理论分析，由于非货币金融资产（负债）间是不完全替代的，企业内部资金成本低于外部资金成本，银行只有具备充足的资本金率（由银行营业利润和资本损益决定的内部资金率）才能一方面降低由存款人对银行贷款项目审计的预期成本反映的代理成本，激励银行为贷款项目融资而发行各种存款债务；另一方面，也才能为各种存款债务提供良好抵押，激励存款人的有效需求，从而从存款债务供求两方面支持信贷扩张的可贷资金获取（Bernake 和 Gerter，1989）①。同样，由于信息不对称和交易成本，资产和负债也不完全等同，这就要求企业保持足够的流动资产，以降低流动性风险冲击带来的提早清算损失。而作为提供降低整个社会流动性风险冲击功能的银行体系，自然更需要保持充足的准备金率。银行只有具备充足的储备（实质为银行的流动资产），保持合理的准备金率，才能有效进行信贷扩张，对投资和生产提供信贷支持（Friedman、Kuttner、Bernake 和 Gerter，1993）②。

---

① Ben S. Bernake, and Mark Gerter, " Agency Costs, Net Worth, and Business Fluctuations ", *American Economic Review* 79 (1), 1989, pp. 14 - 31.

② Benjamin M. Friedman, Kenneth N. Kuttner, Ben S. Bernake, and Mark Gerter, " Economic Activity and the Short-Term Credit Markets: An Analysis of Prices and Quantities ", *Brookings Papers on Economic Activity* (2), 1993, pp. 193 - 283.

表 1 - 2 代表性商业银行资产负债简表

资产	负债
准备金	活期存款
证券和贷款	其他存款或借款
	资本金

中国银行信贷扩张上述两个约束条件是通过特殊的货币金融制度安排来满足的。其中，对金融中介特别是国有银行免于破产的国家隐性担保起到了补充银行资本金的作用。在国家提供隐性担保过程中，存贷利率管制特别是相应的利差政策发挥了至关重要的作用。如图 1 - 5 所示，从 1999 年开始，中国一改存贷利差较低的常态，跃升至年利差 3% 以上，与存贷利差一直偏高的欧元区日趋接近，远远高于同期的日本和韩国（多在 2% 以下，甚至接近 1%）。考虑到中国的货币化进程的长盛不衰，如此规模的信贷扩张竟然能够保持与经济停滞和信贷扩张缓慢的欧元区相近的存贷利差，那就不得不说拜国家利率管制和相应的利率政策所赐了。毕竟，如果存在存贷利率市场化，信贷扩张的活跃将引发存贷款市场的双向竞争，通常倾向于缩小存贷利差。对资本市场和非银行中介发展的压抑也起到了在实现银行信贷扩张的同时保持存贷利差的类似作用。由此可见，高存贷利差政策和活跃的信贷扩张相结合保证了银行中介赢利，起到了补充银行资本金的作用。从这个意义上讲，对金融中介特别是国有银行免于破产的国家隐性担保也就演变成了对银行存贷利差的国家隐性担保。与此同时，具有兼顾通货膨胀控制和经济增长双重目标的货币政策则起到了保证银行体系准备金充足的作用。改革开放以来，中国货币政策的非稳定性也得到大量实证研究成果的证实。谢平、罗雄（2002）在检验中国货币政策中的泰

勒规则时，运用货币政策反应函数 GMM 估计发现，通货膨胀率对利率的调整系数小于 1。这是一种不稳定的货币政策规则，在这一制度下，通货膨胀或通货紧缩的产生和发展有着自我实现机制①。樊明太（2004）运用 1992～2003 年数据估计中国货币政策反应函数时，发现通货膨胀压力的厌恶程度小于对产出缺口的容忍程度，货币政策反应函数具有动态不稳定性②。赵进文、黄彦（2006）在检测中国的最优非线性货币政策反馈规则时发现，1993～2005 年，央行存在非对称性政策偏好，实际造成中国通货膨胀明显倾向③。由此可见，中国货币政策存在兼顾通货膨胀控制和经济增长的双重目标，在很大程度上具有根据信贷扩张和动员储蓄的需要内生供给货币的特征。

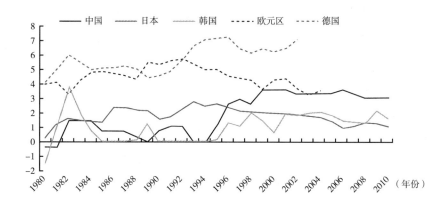

图 1-5　银行存贷利差的国际比较

资料来源：CEIC。

---

① 谢平、罗雄：《泰勒规则及其在中国货币政策中的检验》，《经济研究》2002 年第 3 期。

② 樊明太：《金融结构及其对货币传导机制的影响》，《经济研究》2004 年第 7 期。

③ 赵进文、黄彦：《中国货币政策与通货膨胀关系的模型实证研究》，《中国社会科学》2006 年第 5 期。

    同样重要的是中国改革开放后所形成的高储蓄还为银行信贷扩张在相当长时期内的可持续性提供了重要保证。否则，如果缺乏高储蓄的配合，即使得到中央银行毫无节制的扩张性货币政策支持，信贷扩张也必将因很快遭遇严重的通货膨胀问题而被迫停止，无法实现其支持投资推动型经济增长的目的。这一点已在米塞斯－哈耶克工业波动模型中得到很好的分析。米塞斯－哈耶克工业波动模型主要内容可概括如下（布赖恩·斯诺登、霍华德·文和彼得·温纳齐克，1998）[①]：

    在经济中共存在自然利率（nr）和市场利率（mr）两种利率。自然利率是由实体经济部门消费者的时间偏好和生产技术条件共同决定的均衡利率；市场利率则是由金融部门信贷扩张决定的资金成本。当自然利率和市场利率相等时，不会发生资本品和消费品生产的非比例发展，宏观经济将处于均衡状态。在可贷资金市场上，此时储蓄和投资相匹配，所有投资都有自愿储蓄作支持，并不存在信贷扩张。在图1－6（a）中，这表示为 E 点。只有当这两种利率不相等时，非比例发展才会出现。这种情况在银行信贷扩张压低市场利率时，尤其会发生，如图1－6（a）所示，当市场利率被人为地从 mr_0 压低到 mr_1，投资水平则由 I_0 上升到 I_1，大于自愿储蓄量 S_0。超额投资部分由信贷扩张提供支持。信贷扩张无疑可能产生强制储蓄效应。鉴于在一定时期内，社会产品总量属于常数，而信贷扩张增强了厂商（企业家）的购买力，并提高价格水平，自然造成消费被非自愿地减少，形成所谓的强制储蓄。在图1－6（a）中即表示为消费由 $Y_F - I_0$ 降为 $Y_F - I_1$。其中，Y_F 为信贷扩张初始阶段（信用膨胀时期）的社会产品总量或潜在产出水平。在图1－6（b）中，生产的时间结构则

---

① 〔英〕布赖恩·斯诺登、霍华德·文、彼得·温纳齐克：《现代宏观经济学指南——各思想流派比较研究引论》，苏剑等译，商务印书馆，1998，第424～492页。

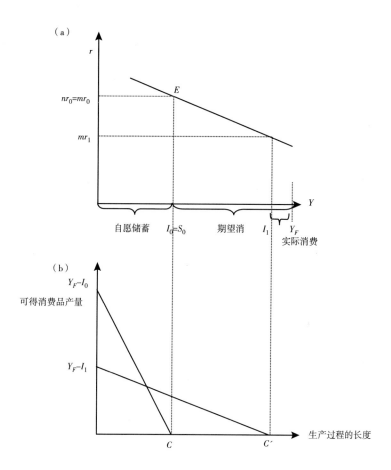

图 1-6　米塞斯-哈耶克工业波动模型

相应地由 C 延长到 C'。

　　人为压低市场利率的信贷扩张虽然有助于增加投资支出，但投资增加也降低了实物资本的边际产出，即在竞争性资本市场结构中的自然利率①。除非消费者的时间偏好发生了适应强制储蓄需要的变化，接受信贷扩张压低的利

————————

①　奥地利学派虽然也赞同信贷扩张和投资支出增加会降低资本的边际产出的论点，但同存在不变要素的通常机制不同，其资本边际产出递减的机制在于信贷扩张和投资支出增加的集体行为错误导致的风险失控。

率，否则，实物资本的边际产出下降很可能造成对延期消费的补偿不足。随着企业家由信贷扩张获得的货币资本逐步转化为消费者的名义收入和购买力，消费者将增加当期消费支出。因此，投资被迫下降，生产的时间结构重新缩短。由此可见，如果得不到消费者意愿储蓄的配合，仅仅通过增加名义货币供给支持银行信贷扩张，人为压低市场利率引发的投资支出增加并不能持久。这是因为，这种投资支出增加只能靠最终引发恶性通货膨胀的以递增速度进行的持续信贷扩张来支持，而恶性通货膨胀在现实生活中是不可能永久存在的。

很显然，银行信贷扩张顺利进行的高储蓄前提在中国是存在的。如图1-7所示，中国国内部门（含家庭、企业和政府）储蓄1996～2005年长期居高不下，保持在40%以上，并一度具有上升趋势。中国国内的高储蓄不仅有效支持了投资推动型经济增长，而且还形成了可观的对外投资规模（在图1-7中体现为国内储蓄率和含国外部门总储蓄率的差额）。中国高储蓄主要通过居民谨慎性储蓄以及金融欠发达得以形成。一方面，居民谨慎性储蓄与其可支配收入的不确定性密切相关，即居民可支配收入不确定性越高，相应的谨慎性储蓄动机越强烈，反之则反是。在一定程度上，正是为了激励（谨慎性）储蓄，才造成中国社会保障支出水平长期偏低。如表1-3所示，20世纪60年代，人均GDP超过1000美元的国家（表中所列，除了日本），社保支出占GDP的比重基本都超过10%，而中国只有7.15%。另一方面，如果一个经济体金融足够发达，特别是拥有高效的消费金融，能够削弱谨慎性储蓄动机的影响，促进消费行为的跨期平滑。受制于经济发展水平决定的信息生产能力的不足，中国改革开放以来很长一段时期发展企业（生产）金融尚力有不逮，更别提发展具有创新性质的消费金融了。如图1-8所示，尽管自1997年以来中国消费信贷发展较为迅速，但占总贷款的比重仍然偏低，直到2008年年

末也只略高于 12%，并且主要由住房抵押贷款构成。由此可见，由社会保障
发展滞后保证的谨慎性储蓄与金融特别是消费金融欠发达相配合促进了中国
高储蓄的形成。

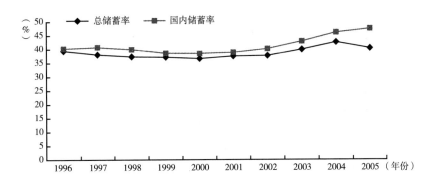

图 1 - 7　中国国民储蓄

资料来源：CEIC。

表 1 - 3　部分发达国家 1960 年社会保障支出水平与我国 2002 年水平的比较

国家	年份	人均 GDP(美元)	社会保障支出占 GDP 的比重(%)
英国	1960	1363	13.9
瑞典	1960	1641	12.8
芬兰	1960	1110	12.7
丹麦	1960	1298	12.5
美国	1960	2783	10.3
日本	1960	458	8.0
法国	1960	1297	13.4
德国	1960	1345	20.5
中国	2002	约 1000	7.15

资料来源：根据国际基金组织《政府财政统计年鉴（2001）》和联合国《统计年鉴（1965）》
有关数据整理。转引自蔡社文《我国社会保障支出水平分析》，《预算管理会计月刊》2007 年第 7
期。

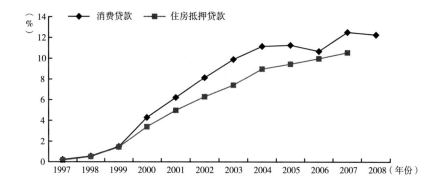

图1-8 中国消费贷款以及住房抵押贷款占总贷款比重

资料来源：CEIC。

综上所述，对存贷利差的国家隐性担保提供了银行信贷扩张所需的资本充足性和相应的激励，具有兼顾通货膨胀控制和经济增长双重目标的货币政策保证了银行信贷扩张的准备金充足，并降低了银行体系的流动性风险，高储蓄则保证了银行信贷扩张在相当长时期内的可持续性。由此可见，对存贷利差的国家隐性担保和扩张性货币政策相配合所实现的国家隐性担保下的信贷扩张构成了中国储蓄动员机制。此外，为了保证高储蓄主要通过信贷扩张方式得到动员，还必须进行压抑资本市场发展和实行资本流动管制等配套制度安排。很显然，国家隐性担保下的信贷扩张在动员储蓄时会带来利率管制、对存贷利差的国家隐性担保、主要通过通货膨胀形成的利率压抑、压抑资本市场发展和实行资本流动管制等一系列货币金融扭曲。

2. 信贷扩张的金融风险控制

根据上面的分析，国家隐性担保下的信贷扩张构成了中国储蓄动员机制。在这样的储蓄动员机制下，一方面，存贷利率管制和存贷利差的国家隐性担保使得银行体系具有过度信贷扩张的激励；另一方面，利率压抑又造成过度投资的激励。这两方面影响综合作用，本应极易引发信贷扩张和投资支出过度，加剧经济波动；然而，改革开放以来，中国不仅实现了经济高增长，而且从 20 世纪 90 年代中后期起还成功地控制住了通货膨胀。那么，中国信贷扩张又是如何通过有效控制金融风险做到这一点的呢？

首先，中国在改革开放之初所选择的出口导向型工业化增长方式形成了特别有利于信贷扩张金融风险控制的风险分配格局。改革开放之初，中国从原始劳动力特别丰富的禀赋条件出发，选择了出口导向型工业化经济增长方式。出口导向型工业化在性质上属于由外部技术引进推动的国内要素和资本积累，干中学则构成其核心的经济增长机制。在出口导向型工业化增长方式下，国际经济分工体现为由发达经济体承担总部经济职能，购买研发、金融、市场营销和商务等多样化中介服务，并由此发展创新制造业，成为全球经济的技术来源和终端消费市场；而类似中国这样的新兴市场经济体则运用引进的标准化技术专业化于最终产品生产和制造。由此可见，在这样的增长方式下，中国经济的不确定性主要集中在产品生产上，并可通过干中学带来的学习效应逐步降低，技术创新和市场销售上的不确定性则由发达经济体集中承担。如此的国际经济分工和风险分配格局使得中国经济风险程度一度相对较低，也极大地降低了无论是延迟投资还是坚持投资的价值。这就意味着只要中国实现了迅速投资和生产，就能够逐步降低生产风险，并进一步保持较低的经济风险程度。经济风险程度较低反过来又为及时清算控制风险提供了可能。很显然，面对中国较低的经济风险程度，国家隐性担保下的信贷扩张恰好成为最优的货币金融制度安排。一方面，正是由于延迟投资的价值不突出，对存贷利差的国家隐性担保激励银行在保持最小存款准备金基础上，将吸收的存款尽可能地贷放出去，扩张性货币政策则降低了准备金的融资成本，两者相配合就能够为迅速投资和生产提供最为便利的融资服务。另一方面，正是由于坚持投资价值也不突出，银行通过提前清算就能够有效控制信贷扩张的金融风险。具体地讲就是，尽管银行信贷扩张的国家隐性担保加剧了企业投资的逆选择行为，但出口导向型工业化或干中学的经济增长在产品市场结构上倾向于竞争性，造成投资项目具有数量多、期限短、规模小和不确定程度低等一系列特点，即使进行提前清算，银行的投资损失和相应的金融风险也是可控的。

中国出口导向型工业化增长方式形成的风险分配格局，有利于银行信贷扩张的风险控制在宏观经济层面上体现得更为充分。得益于能够将经常项目顺差和其他各种形式流入资本再投资于美国国债市场，中国有效抑制了银行信贷扩张规模，并控制了相应的金融风险。在出口导向型工业化增长方式下，发达经济体集中承担技术创新和市场销售风险主要体现为美国借助其具有足够深度和宽度的资本市场，通过吸引国际资本流入（实质是吸收其他经济体的过剩储蓄）为其日益扩大的经常项目逆差融资。Caballero、Farhi 和 Gourinchas（2006）根据不同经济体在经济增长和金融发展上的巨大差异，解释了 20 世纪 90 年代后期以来全球经济中的三大现象所代表的经济和金融失衡成因，并特别强调了美国资本市场在有效控制金融风险、促进全球经济和金融循环中的重要作用。这三大现象包括美国乃至全球范围内长期实际利率的下降（格林斯潘之谜）、美国资产在全球资产组合中地位的上升和美国持久的经常项目赤字[①]。Caballero、Farhi 和 Gourinchas（2006）将全球经济分为美国（含英国和澳大利亚）、欧盟和日本以及主要由新兴经济体组成的其他国家 3 个部分。其中，美国具有高增长和发达的金融，欧盟和日本虽有发达的金融但缺乏高增长，其他国家则刚好相反，有高增长但金融欠发达，即本国资本市场的深度和

---

① Ricardo J. Caballreo, Emmanuel Farhi, Mohamad and Pierre-Olivier Gourinchas, "An Equilibrium Model of 'Global Imbalances' and Low Interest Rates", *NBER Working Paper*, No. 11996, February 2006.

宽度不足，无法提供足够用于储蓄的高质量金融资产①。由此可见，美国具有技术进步和金融发展的双重套利机会，欧盟和日本资本流入美国是为了追求前者，其他国家则是为了后者。同美国经济高增长相适应，其货币和债务扩张一方面抑制了国内的通货紧缩；另一方面，为全球储蓄提供了充足的合格金融资产，促进了国际资本流入和美元名义汇率上升。这两者相结合势必导致美元实际有效升值，并产生了美国巨大的经常项目逆差。换言之，美国之所以能够通过国际资本流入方式为其经常项目逆差融资，关键就在于其具有足够深度和宽度的资本市场，能够集中承担由技术创新和市场销售不确定性所代表的金融风险，从而有效吸收全球过剩储蓄。由发达经济体特别是美国集中承担技术创新和市场销售风险对中国银行信贷扩张的风险控制意义同样十分重大。根据Caballero、Farhi 和 Gourinchas（2006）的分类，中国无疑是经济高增长但金融欠发达的第三类国家的典型代表②。正如前面分析所指出的那样，在国际经济分工和风险分配格局中，中国经济风险主要集中在生产环节，并且风险程度较低，削弱了发展资本市场的激励。由此可见，只有通过将经常项目顺差和其他各种形式流入资本再投资于美国国债市场，才能有效抑制银行信贷扩张规模，并控制相应的金融风险。否则，中国将极有可能遭遇控制银行信贷扩张金融风险和保持经济高增长的两难选择。正如 Caroll 和 Weil（1994）所证实的那样，高增长能够带来高储蓄，反之则未必③。Gavil 等（1997）进一步强调了这一

---

① Ricardo J. Caballreo, Emmanuel Farhi, Mohamad and Pierre-Olivier Gourinchas, "An Equilibrium Model of 'Global Imbalances' and Low Interest Rates", *NBER Working Paper*, No. 11996, February 2006.

② Ricardo J. Caballreo, Emmanuel Farhi, Mohamad and Pierre-Olivier Gourinchas, "An Equilibrium Model of 'Global Imbalances' and Low Interest Rates", *NBER Working Paper*, No. 11996, February 2006.

③ Carroll, Christopher D. and Weil, David N, "Saving and Growth: A Reinterpretation", *Carnegie-Rochester Conference Series on Public Policy* (40), June 1994, pp. 133 – 192.

效应在东亚经济中的重要性①。很显然，如果缺乏将经常项目顺差和其他各种形式流入资本再投资于美国国债市场的渠道，中国尽管还可能保持高储蓄（可能源于金融欠发达带来的流动性约束或谨慎性储蓄），但由于会导致银行信贷扩张规模和风险失控而无法转化为经济增长的动力。

概括起来，根据出口导向型工业化所形成的风险分配格局，中国分别获得了有利于银行信贷扩张风险控制的微观和宏观机制：在微观上，出口导向型工业化或干中学的经济增长在产品市场结构上倾向于竞争性，造成投资项目具有数量多、期限短和规模小等一系列特点，保证了银行可以通过提前清算控制金融风险。在宏观上，通过将经常项目顺差和其他各种形式流入资本再投资于美国国债市场，有效抑制银行信贷扩张规模，并控制相应的金融风险。

其次，植根于反周期宏观调控的中国金融宏观审慎监管也在抑制银行信贷过度扩张和控制相应金融风险中发挥了重要作用。考虑到存在对存贷利差的国家隐性担保，并能够得到扩张性货币政策的支持，中国银行信贷过度扩张将很难避免。上面介绍的银行提前清算和将流入资本再投资于美国国债市场等风险控制机制也只能缓和而非消除银行信贷过度扩张，这就要求进行反周期宏观调控，发挥金融宏观审慎监管职能，定期释放由信贷过度扩张累积的系统风险。中国现行的金融宏观审慎监管包括对投资规模和结构的控制、保留信贷规模控制的货币政策工具，在控制中发展多种形式的资本市场以及增加资本市场稳定的货币政策宏观调控目标等一系列政策工具。金融宏观审慎监管在对外开放领域主要体现在人民币管理浮动汇率制和必要的资本流动管制上。其中，资本流动管制包括两个方面：①外债规模和期限管制；②在 QFII（境外合格机构投

---

① Gavin, Michael, Hausmann, Ricardo and Talvi, Ernesto, "Saving Behavior in Latin America: Overview and Policy Issues", *Inter-American Development Bank*, *Office of the Chief Economist Working paper*, No. 346, May 1997.

资者）制度和 QDII（境内合格机构投资者）制度框架下的证券组合投资管制。相反，在外商直接投资方面，资本管制一直最为宽松。从 2001 年起，历经外商投资企业资本金结汇和外商直接投资外汇管理改革，中国目前对外商直接投资已基本没有限制（战略性行业除外）。很显然，除了增加资本市场稳定的货币政策宏观调控目标外，中国现行的金融宏观审慎监管所使用的政策工具都具有市场化程度不足的次优特征。不过，金融宏观审慎监管的核心要素并不完全取决于政策工具有多市场化，而在于是否进行了反周期调控。因此，尽管国家隐性担保很难避免银行的逆选择和道德风险行为，导致信贷过度扩张，但反周期的宏观调控还是发挥了金融宏观审慎监管作用，促进了系统风险的定期释放。

综上所述，通过银行提前清算、流入资本对美国国债市场再投资和反周期宏观调控的共同作用，银行信贷扩张的金融风险得到有效控制。正是在此基础上，国家隐性担保下的信贷扩张成为与出口导向型工业化配套的最优货币金融制度安排，尽管会带来一系列货币金融扭曲，但仍能充分发挥动员储蓄、支持投资推动型经济增长的作用。借鉴中国社会科学院经济研究所经济增长与宏观稳定课题组（2007）的研究成果，我们可以将这一整套货币金融制度安排称之为动员性货币金融体制①。

（三）中国经济增长方式转变和动员性货币金融体制面临的挑战

在上述动员性货币金融体制作用下，中国有效地解决了资源动员和组织的格申克龙难题，推动了出口导向型工业化或干中学的经济增长。2003 年，中国人均 GDP 达到 1000 美元，开始步入中等收入国家行列，一举突破低收入贫

---

① 中国社会科学院经济研究所经济增长与宏观稳定课题组：《金融发展与经济增长：从动员性扩张向市场配置的转变》，《经济研究》2007 年第 4 期。

困陷阱，成功地实现了经济起飞。

伴随着经济起飞任务的完成，中国要素价格出现飙升现象，以致影响了出口导向型工业化或干中学的经济增长的可持续性。如图1-9所示，以2005年实际有效汇率指数为100，1994年1月和2011年9月实际有效汇率指数分别为75.97和125.01。也就是说，从1994年人民币汇率市场化并轨改革以来，中国综合要素成本上升了近2/3。2007年，全球金融危机爆发更是加剧了中国转变经济增长方式的压力。本次全球金融危机源于对发达经济体特别是美国技术进步、经济发展和金融发展潜力的过度高估。本次全球金融危机爆发以后，在新兴市场经济体相互直接投资带动下，第二次世界大战后更是第一次出现了发展中经济体先于发达经济体复苏的现象。这恰恰说明发达经济体无法有效承担总部经济职能，提供技术来源和终端消费市场可能并非仅仅是周期现象而是长期趋势。这就意味着以中国为代表的新兴经济体出口导向型工业化可能变得难以为继。因此，中国只有适时推动自主创新，发展自主品牌和营销渠道，提升自身承担总部经济职能的能力，才能实现增长方式的转变，缓解增长动力不足的难题。同样重要的是，转变增长方式还需发展城市化载体。从表面上看，似乎只需要在技术来源中提高自主创新的成分，增加技术供给，即可实现增长方式转变。然而，增长方式转变的关键在于培育以城市化为载体，发挥技术创新的外溢效应，降低创新成本，实现技术创新的可持续性。正如格罗斯曼和赫尔普曼（2002）所指出的那样，单纯的技术创新也是一项耗费资源、成本昂贵的经济活动，同样摆脱不了报酬递减规律的制约，并不能构成持久的经济增长源泉[①]。只有借助知识的非竞争性和技术创新的外溢效应，降低技术创新的

---

① G. M. 格罗斯曼、E. 赫尔普曼：《全球经济中的创新与增长》，何帆等译，中国人民大学出版社，2002，第13～15页。

成本，才有可能突破报酬递减的陷阱。由于并非所有的知识都可以编码，许多只可意会不可言传的默记知识需要面对面互动方能掌握。因此，在技术创新特别是相应的外溢效应发挥过程中，空间距离将成为关键因素，即距离越短，外溢效应越显著。

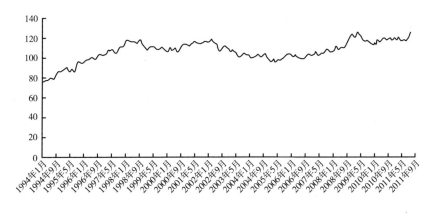

图1-9 实际有效汇率指数

资料来源：CEIC。

经济增长方式转变将对中国经济风险状况产生巨大影响。首先，会造成中国经济风险程度整体提高。在经济增长方式转变和培育新增长动力过程中，中国经济在技术创新和市场销售上的不确定性无疑将急剧上升。与此同时，包括劳动力在内的要素价格攀升，也会削弱干中学效应，进而提高产品生产的不确定性。其次，对城市化载体的培育将极大地延长投资期限，也会加大金融风险控制难度。很显然，经济增长方式转变将带来投资重点的重大变化。其中，技术创新投资重点主要包括：技术创新投资、人力资本投资。城市化投资重点主要包括：城市和城市群基础设施建设、住宅投资和消费者信贷、社会保障、提供原材料的重化工业投资。这些投资项目大多具有期限长、规模大和不确定程度高的特点。

中国经济风险状况变化对动员性货币金融体制的风险控制构成了严峻挑

战。一是无论是增长方式转变带来的经济风险程度整体提高，还是城市化造成的投资期限的延长都会使通过信贷扩张为增长融资方式遭遇期限错配难题。这是因为商业银行承担着流动性供给职能，其控制金融风险的主要手段就是提前清算，依赖以短放长的信贷扩张为不确定程度高和期限长的投资项目融资，将不可避免地造成提前清算成本的昂贵。二是全球经济再平衡不仅提高了中国将流入资本再投资于美国国债市场的难度，而且反过来加剧了资本流入的冲击。三是银行信贷扩张的期限错配难题放大，资本流入冲击的加剧，兼之缺乏足够深度和宽度的国内证券市场，使得中国宏观调控成本空前加大，无法更好地应对保增长与实现金融稳定和低通胀的两难选择。所有这一切都标志着主要服务于出口导向型工业化的动员性货币金融体制已经适应不了增长方式转变的风险控制需要。由此可见，只有加速中国动员性货币金融体制的市场化转型，特别是资本市场发展，才能有效控制经济增长方式转变带来的金融风险。这是因为，只有拥有了具备足够深度和宽度的资本市场，才能通过资产组合复制各种类型的经济风险，并对其进行有效定价。

（四）小结

由于面临突破低收入贫困陷阱的经济起飞任务，中国在改革开放之初根据自身的禀赋条件选择了出口导向型工业化经济增长方式，并在此基础上形成了配套的动员性货币金融体制，即国家隐性担保下的信贷扩张。出口导向型工业化在性质上属于由外部技术引进推动的国内要素和资本积累，干中学则构成其核心的经济增长机制。国家隐性担保下的信贷扩张则由对存贷利差的国家隐性担保和扩张性货币政策共同作用形成。国家隐性担保下的信贷扩张之所以能充分发挥动员储蓄、支持投资推动型经济增长的作用，成为与出口导向型工业化配套的最优货币金融制度安排，其关键在于，这一增长方式的风险分配格局促进了信贷扩张的金融风险控制。出口导向型工业化使得中国经济风险主要集中在产品生产上，并可通过干中学效应逐步降低。得益于这样的风险分配格局，中国获得了银行提前清算和流入资本对美国国债市场再投资两大金融风险控制机制，并在植根于反周期宏观调控的金融宏观审慎监管配合下，有效控制了银行信贷扩张风险。

根据 Pagano（1992）所提出的经济增长率公式 $g = A\o s - \delta$，可以更加清楚地揭示中国出口导向型工业化增长方式同国家隐性担保下的信贷扩张之间的相互匹配关系[1]。国家隐性担保下的信贷扩张能够支持出口导向型工业化或干中学的经济增长关键有两点。①对存贷利差的国家隐性担保和扩张性货币政策相结合能够最大限度地动员储蓄，提高储蓄率 s。②信贷扩张金融风险的有效控制则保证生产率参数（在公式中为资本边际产出）A 能够有所提高，或至少不会严重下滑。只有这样，干中学效应才能成为现实。很显然，信贷扩张的风险控制意义更加重大。否则，储蓄动员将很难持久。由此可见，中国这样的后起经济体由于面临经济起飞任务，其金融发展对经济增长的影响路径与拥有成熟市场化金融体系的发达经济体大相径庭。在发达经济体中，金融部门主要通过提高储蓄中用于非金融部门投资比重（实质反映金融部门提供金融服务的中介效率）和资本配置效率 A 来促进经济增长，对储蓄率 s 的影响则微不足道。相反，中国这样的后起经济体不仅储蓄动员极为重要，而且资本配置效率 A 作用并不突出。只要信贷扩张的风险得到有效控制，资本配置效率不出现严重恶化，就能够有效实现储蓄动员，获得干中学的效应。至于中介效率，由于存贷利差趋于上升也不尽如人意。总的说来，正是由于处于干中学的经济增长阶

---

① Pagano. Macro, "Financial Markets and Growth: An Overview", *Financial Markets Group Discussion Paper*, No. 153, London School of Economics, 1992.

段，中国动员性货币金融体制尽管带来一系列货币金融扭曲，如存贷利率管制、对存贷利差的国家隐性担保、利率压抑以及各种市场化程度不足的宏观调控政策工具，但却没有阻碍以货币化为代表的金融发展和出口导向型工业化经济增长。

不过，要素价格飙升特别是本次全球金融危机爆发对中国提出了转变增长方式的时代要求。经济增长方式转变将极大地改变中国经济风险状况，也对国家隐性担保的信贷扩张风险控制构成了严峻挑战，加剧了动员性货币金融体制市场化转型，特别是资本市场发展的压力。

综上所述，中国出口导向型工业化或干中学的经济增长同国家隐性担保下的信贷扩张之间的相互匹配关系特别适合运用一个引入资本品生产不确定性和信贷约束的干中学世代交叠模型进行研究。为此，本文拟从"供给导向"和"需求导向"的金融发展互补性角度出发，借鉴 Bose 和 Cothren（1997）的分析方法，将国家隐性担保下的信贷扩张这一动员性货币金融体制形成内生化，特别强调后起经济体经济增长和金融发展初始条件，即低收入贫困陷阱在其中的决定性影响，并在此基础上探讨这一体制运行效果及其发展前景[①]。

四 本书内容安排

本书第一章重点介绍了所要解释的问题以及拟采用的基本方法和思路。本书认为动员性货币金融体制尽管会带来一系列扭曲，但却没有阻碍中国金融发

---

① Niloy Bose, Richard Cothren, "Asymmetric Information and Loan Contracts in a Neoclassical Growth Model", *Journal of Money*, *Credit and Banking* 29 (4), 1997, pp. 423 – 439.

展和经济增长，其关键在于，一方面，中国改革开放之初面临突破低收入贫困陷阱、实现经济起飞的任务，需要这样的货币金融制度安排激励信贷扩张；另一方面，中国出口导向型工业化或干中学的经济增长又促进了信贷扩张风险的控制。运用一个引入资本品生产不确定性和信贷约束的干中学世代交叠模型，可以很好地解释这两者之间的匹配关系。

第二章是具体模型的构建，并由此得出经济增长和金融发展存在相互决定关系。其中，资本积累及其所推动的内生经济增长（决定总资本存量）提供了金融发展的需求激励，成为金融发展的首要推动力。金融发展本质上可视为对资本积累所产生的金融需求的内生供给反应。毕竟如果没有充足的资本积累，金融发展甚至外部融资存在本身既无必要，又因需求激励不足而不可能。同时，当资本积累及其所推动的内生经济增长足以支持金融发展时，金融发展水平越高，资本积累规模越大。由此可见，金融发展又对经济增长具有促进作用。

第三章运用在第二章构建的模型，对政府干预金融发展进行简要的国际比较研究，并重点分析来自中国的动员性货币金融体制的发展经验。在此过程中，可以清楚地发现低收入贫困陷阱对后起经济体在经济起飞时期选择动员性货币金融体制的决定性影响，并由此进一步揭示保证其良好运行的条件、进行市场化转型时机和技术路径。

第四章则得出结论。

第二章 | **模型**

　　根据以上的分析，由于面临突破低收入贫困陷阱的经济起飞任务，中国在改革开放之初从原始劳动力（相对于知识资本）特别丰富的初始禀赋条件出发，选择了出口导向型工业化经济增长方式，主要通过外部技术引进推动国内要素和资本积累，进而发挥生产经验对生产率的有益影响。与此同时，得益于出口导向型工业化带来的风险分配格局，国家隐性担保下的信贷扩张风险得到有效控制，成为与这一增长方式最为配套的货币金融制度安排。在出口导向型工业化增长方式下，中国经济的不确定性主要集中在产品生产上，并可通过干中学带来的学习效应逐步降低，技术创新和市场销售上的不确定性则由发达经济体集中承担。中国也从这样的风险分配格局获得了银行提前清算和流入资本对美国国债市场再投资两大金融风险控制机制，以至仅仅通过银行信贷扩张就足以有效动员储蓄，支持出口导向型工业化或干中学的经济增长。

因此，我们将运用一个引入资本品生产不确定性和信贷约束的干中学世代交叠模型，刻画中国出口导向型工业化或干中学的经济增长同国家隐性担保下的信贷扩张之间的相互匹配关系。

一 经济环境

（一）偏好与禀赋

假定经济由无限序列的生存两期的交叠世代构成。所有各代人在规模上相等，并可标准化为 1。时间是离散的，并被标记为 $t = 0, 1, \cdots$。在 $t = 1$ 期，最初的老一代人被赋予最初的人均资本存量 k_0。在每一期，一个分布在单位间隔的连续闭集的青年人出生。每个人仅活两期，在其生命第 1 期，被以 μ 的概率赋予 1 单位劳动力，并在竞争性市场上出售。由于 μ 足够大，从而在工资水平 ω_0（相当于就业机会成本）上有向上无限弹性供给；以 $1 - \mu$ 概率赋予 1 单位人力资本，并在竞争性市场上无弹性供给①。然而，在每个人的老年期，不再拥有劳动力和人力资本禀赋。

此外，在该经济中，共有可储存的消费品和资本品两种商品，从而使得每个人拥有两种投资机会。其一，投资于无风险资产 a_t，即可储存的消费品，获得安全回报率 r_t。其二，投资于风险资产 k_t，即资本品，获得随机回报率 R_t。假定投资者风险中性，在无风险资产和风险资产投资之间无差异。

假定所有人都具有相同的偏好，且出生在 t 期的第 i 个人效用函数由式

---

① 每个年轻人被赋予单位劳动力的概率 μ 足够大，使得剩余劳动力存在，从而在竞争性市场上向上无限弹性供给；而人力资本供给有限，只能在竞争性市场上无弹性供给。

（2－1）给定：

$$U_i^t(C_{it}^t, C_{it+1}^t) = C_{it+1}^t \qquad (2-1)$$

其中，C_{ij}^t 系 t 期出生的第 i 个人在 j 期的消费，$j = t$，$t+1$。

（二）消费品生产

根据上面的假定，在该经济中，共有可储存的消费品和资本品两种商品。那么，假定最终产品即消费品，需要由完全竞争厂商投入资本和劳动力进行生产，其生产函数为：

$$Y_t = Y(h_t, l_t, k_t) = Ah_t^\alpha l_t^\beta \int_0^{Kt} k_{it}^{1-\alpha-\beta}di, \alpha,\beta \in (0,1), \alpha+\beta \in (0,1) \qquad (2-2)$$

其中，A 是一个正的生产率参数。如式（2－2）所示，单个企业消费品产出水平 Y_t 依赖于其投入的人力资本 h_t、劳动力 l_t、企业层次投入的资本品 k_{it} 以及总资本存量 K_t。

由于模型的对称性设定，即中间产品间存在可加性关系，因此，在均衡条件下，显然存在 $k_{it} = \overline{k_t}$。式（2－2）可改写为：

$$Y_t = Ah_t^\alpha l_t^\beta K_t \overline{k_t}^{1-\alpha-\beta} \qquad (2-2')$$

由式（2－2'），可得：$\dfrac{dY_t}{dK_t} = Ah_t^\alpha l_t^\beta \overline{k_t}^{1-\alpha-\beta} > 0$，$\dfrac{dY_t^2}{d^2K_t} = 0$。由此可见，经济内生增长的源泉来自于总资本存量规模的扩大。

由 $\alpha,\beta \in (0,1), \alpha+\beta \in (0,1)$ 可知，消费品生产者属于完全竞争企业，面临着给定的资本租金率 $q_t = \dfrac{dY_t}{d\overline{k_t}} = (1-\alpha-\beta)Ah_t^\alpha l_t^\beta K_t \overline{k_t}^{-\alpha-\beta}$、人力资本工资率

$\omega_{h_t} = \dfrac{dY_t}{dh_t} = \alpha Ah_t^{\alpha-1} l_t^\beta K_t \overline{k_t}^{1-\alpha-\beta}$、劳动力工资率 $\omega_{l_t} = \dfrac{dY_t}{dl_t} = \beta Ah_t^\alpha l_t^{\beta-1} K_t \overline{k_t}^{1-\alpha-\beta}$，$q$、

ω_{h_i} 和 ω_{lt} 均由消费品数量计价。消费品生产企业的目标就是在式（2-2）所示的技术约束下，最大化其利润 $Y_t - q_t \bar{k}_t K_t - \omega_{h_t} h_t - \omega_{lt} l_t$。鉴于生产函数 Y_t 对要素 $\bar{k}_t$、h_t 和 l_t 的位似性，消费品生产企业获得零利润。

（三）资本品生产

资本品生产由如下一组方程刻画：

$$K_{it} = \begin{cases} \delta h_{it} K_t, & \text{概率为} \rho_{it} \\ 0, & \text{概率为} 1 - \rho_{it} \end{cases} \qquad (2-3)$$

$$K_{t+1} = \int_0^1 \rho_{it} \delta h_{it} K_t \, \mathrm{d}\rho_{it} \qquad (2-4)$$

其中，式（2-3）代表资本品生产函数，δ 代表资本品部门的生产率参数，所有资本品均为同质产品。资本品生产具有如下一系列特点：①资本品生产带有典型的人力资本和知识密集型特征，即企业 i 的资本品生产只使用所投入的人力资本 h_{it} 和由总资本存量 K_t 所代表的知识资本，并不需要劳动力 l 和具体的资本品 k 的投入。②资本品生产具有不确定性。资本品生产通过将当期消费品转化为下一期资本品的风险投资技术完成，企业 i 资本品产出 K_{it} 是一个随机变量。在每一期存在一个计量为 1 的资本品生产的连续闭集。每种资本品生产只能由其唯一的所有者进行，不得转让，并具有其所有者在出生时就知道的差别性成功概率 ρ_{it}。由此可见，资本品产出结果是独立同分布的。③K_{it} 实际值在 $t+1$ 期期初展示给所有人。如式（2-3）所示，如果生产成功，$\delta h_{it} K_t$ 单位的第 i 种资本品将被生产出来，以用于 $t+1$ 期的消费品生产。如果生产失败，那么，将没有任何数量的第 i 种资本品生产出来。第 i 种资本品成功生产的概率 ρ_{it} 均匀地分布在区间 $(0,1)$ 上。

假定第 0 期经济中总资本存量为 K_0，式（2 - 4）代表 $t+1$ 期经济的实际总资本存量，并由 t 期资本品生产的总体状况决定。在 $t+1$ 期，老一代人将获得 K_{t+1} 单位的由总资本存量所代表的知识资本。知识资本不能消费却可用于生产资本品和消费品。生产消费品的企业将按市场租金率 q_{t+1} 租用资本品。很显然，由于资本品产出结果是独立同分布的，尽管单个资本品的产出结果不确定，但在整个经济中并不存在总体的不确定性。

（四）风险投资项目与金融合同

鉴于资本品的投入与产出之间存在 1 期滞后，并存在不确定性，资本品生产可以被视为相应的风险投资项目，每个决定生产资本品的人必须在其年轻时投资，我们将要讨论风险投资项目的融资问题，就变成了如何为支付资本品生产所雇用的人力资本工资筹集资金。生产资本品 i 所雇用的人力资本工资支付总额应等于 $h_{it} \omega_{h_i} = h_{it} \alpha A h_t^{\alpha-1} l_t^{\beta} K_t \bar{k_t}^{1-\alpha-\beta}$，其中，$h_{it}$ 为生产资本品 i 所雇用的人力资本数量，ω_{h_i} 为消费品生产部门人力资本工资率。假定人力资本在消费品和资本品生产部门之间自由流动，那么，在均衡条件下，两部门人力资本工资率应相等。

假定 1. 年轻人被对等地平分为风险中性的企业家和非企业家。其中，企业家具有运营单个风险投资项目，即生产资本品（被赋予差别性成功概率 ρ_{it}）的特殊才能。

假定 2. 风险投资项目具有不可分割性，除了由企业家投入自有财富进行内部融资 x_{it} 外，还需向一群非企业家或没有运营风险投资项目的企业家借款，获得外部融资 y_{it}。很显然，$x_{it} + y_{it} = h_{it} \omega_{ht}$。当 $y_{it} > 0$，企业家成功获得外部融资时，风险投资项目可获得高于安全资产投资回报率 r_t 的期望回报率；否则，当 $y_{it} = 0$，只用内部融资进行风险项目投资时，只能获得等于安全资产

投资回报率 r_i 的期望回报率。

假定 3. 在借款人（企业家）与贷款人之间存在这样的信息不对称，即借款人的类型是私人信息，只有借款人（企业家）自己才能免费获得关于其所运营项目的风险信息。然而，贷款人能够通过花费同贷款规模成比例的资源确认借款人类型。

假定 4. 贷款人为获得零利润的竞争性金融中介。

假定 5. 贷款人（金融中介）提供债务合同。鉴于每个风险投资项目只有两种可能的实现结果，并且在其失败的情况下，只能获得零产出，那么，金融合同明显应采用债务合同形式，其具体内容包括，在风险投资项目成功、企业家非破产事件下，贷款人获得由贷款利率决定的固定支付；在风险投资项目失败、企业家破产事件下，贷款人获得由项目剩余决定的最大化支付。由于在风险投资项目失败的事件下，借款人不能从项目获得任何回报，只能宣布破产。考虑到有限责任，企业家破产事件下的债务最大支付只能是零。

二 经济行为

（一）家庭行为

如式（2-1）所示，由于只有第 2 期消费才有价值，并且每代人只能在其生命第 1 期获得劳动或人力资本报酬，家庭必须为其第 2 期消费进行储蓄。此外，效用函数线性依赖第 2 期消费水平意味着消费者风险中性。在每一期，每个人可以通过投资于安全资产（消费品的储存）、自己运营的风险项目或向他人运营的风险投资项目贷款等方式进行储蓄。

在 t 期开始时，t 代的年轻人 i 向厂商提供劳动力或人力资本，获得的相应报酬为：$\mu p_{it} \omega_{lt} + (1 - \mu) \omega_{ht}$，并形成同等水平的储蓄（其中 p_{it} 为 i 提供的劳动力被雇用的概率）；然后，该人在安全资产投资回报率 r_t 和风险资产投资回报率 R_t 既定条件下，进行资产投资组合决策。很显然，资产市场均衡要求无套利条件成立，$r_t = R_t$。

那么，该人资产投资组合决策的预算约束条件为：

$$a_{it} + x_{it} + b_{it} \le \mu p_{it} \omega_{lt} + (1 - \mu) \omega_{ht} \qquad (2-5)$$

假定 i 具有企业家才能，通过向其他年轻人借入 y_{it} 单位的消费品，年轻人 i 的资产投资组合可扩展为 a_{it} 单位的消费品储存，投资于自己运营的风险项目的 $x_{it} + y_{it}$ 单位消费品，向他人运营的风险投资项目贷款 b_{it} 单位消费品。

由于可能涉及外部融资，兼之风险投资项目结果在 $t+1$ 期展示出来，年轻人 i 在项目成功条件下，必须支付 r_{it} 单位的资本品风险投资总利率；在项目失败条件下，i 将什么也得不到，被迫宣布破产。那么，t 代的年轻人 i 从自己项目获得的预期回报则是 $R_{it} = \rho_{it}(\delta h_{it} K_t - r_{it} y_{it}) q_{t+1}$，而且相应的第 2 期预期消费则为：

$$E(C_{it+1}^t) \le a_{it} r_t + b_{it} R_t + \rho_{it}(\delta h_{it} K_t - r_{it} y_{it}) q_{t+1}$$

根据式（2-1）所示的效用函数，t 代的年轻人 i 将解如下的最优化问题：

$$\max_{a_{it}, b_{it}, x_{it}, y_{it}} \left[a_{it} r_t + b_{it} R_t + \rho_{it}(\delta h_{it} K_t - r_{it} y_{it}) q_{t+1} \right] \qquad (2-6)$$

该最优化问题约束条件除了式（2-5）所示的预算约束条件外，还包括如下的非负约束：

$$a_{it} \ge 0, b_{it} \ge 0, x_{it} \ge 0, y_{it} \ge 0 \qquad (2-7)$$

鉴于式（2-5）所示的预算约束条件总是紧的，即 $a_{it} + x_{it} + b_{it} = \mu p_{it} \omega_{lt} +$

$(1-\mu)\omega_{ht}$，并且在均衡状况下 $r_t = R_t$ 成立，t 代的年轻人 i 的最优化问题可以被改写为：

$$\max_{x_{it},y_{it}} E\left[\, U(\,C^t_{it+1}\,)\,\right]$$

$$\text{s. t.}\begin{cases} \mu p_{it}\omega_{lt} + (1-\mu)\omega_{ht} \geq x_{it} & (\text{A1}) \\ x_{it} \geq 0 & (\text{A2}) \\ y_{it} \geq 0 & (\text{A3}) \end{cases}$$

$$E\left[\, U(\,C^t_{it+1}\,)\,\right] \equiv (1-\rho_{it})U(\,C^{tf}_{it+1}\,) + \rho_{it}U(\,C^{ts}_{it+1}\,)$$

其中

$$C^{tf}_{it+1} \equiv a_{it}r_t + \left[\mu p_{it}\omega_{lt} + (1-\mu)\omega_{ht} - a_{it} - x_{it}\right]R_t$$
$$C^{ts}_{it+1} \equiv a_{it}r_t + \left[\mu p_{it}\omega_{lt} + (1-\mu)\omega_{ht} - a_{it} - x_{it}\right]R_t + (\delta h_{it}K_t - r_{it}y_{it})q_{t+1}$$

C^{tf}_{it+1} 表示 i 在自己经营的风险投资项目失败时的预期消费，C^{ts}_{it+1} 表示 i 在自己经营的风险投资项目成功时的预期消费。令 $\lambda_{sit} \geq 0, s = 1,2,3$ 是分别与约束条件 A1 ~ A3 相联系的乘子。

t 代的年轻人 i 的最优化一阶条件为：

$$x_{it}: -(1-\rho_{it})U'(\,C^{tf}_{it+1}\,)R_t + \rho_{it}U'(\,C^{ts}_{it+1}\,)(\delta K_t q_{t+1} - R_t) - \lambda_{1it} + \lambda_{2it} = 0$$
$$y_{it}: \rho_{it}U'(\,C^{ts}_{it+1}\,)(\delta K_t q_{t+1} - r_{it}q_{t+1}) + \lambda_{3it} = 0 \qquad (2-8)$$

由式（2-8）所示的 t 代的年轻人 i 的最优化一阶条件，可推导出 x_{it} 和 y_{it} 的最优值。

式（2-8）中的 $\rho_{it}\delta K_t q_{t+1} - R_t$ 表示内部融资期望回报减去内部融资机会成本 R_t，可被定义为内部融资的期望边际利得 $\hat{R}_{it}$，即 $\hat{R}_{it} = \rho_{it}\delta K_t q_{t+1} - R_t$；与之相对应，式（2-8）中的 $\rho_{it}(\delta K_t - r_{it})q_{t+1}$ 则表示风险投资项目外部融资的期望边际回报 $\tilde{R}_{it}$，即 $\tilde{R}_{it} = \rho_{it}(\delta K_t - r_{it})q_{t+1}$。

很显然，只有当 $\hat{R}_{it}$ 和 $\tilde{R}_{it}$ 均为正数时，风险项目投融资才具有合意性。风险投资项目 i 的融资结构决定于期望边际回报 $\hat{R}_{it}$ 和 $\tilde{R}_{it}$ 的相对规模。

（二）信贷市场

假定信贷市场运行如下：每个贷款人（金融中介）提供一个信贷合同集合。借款人拥有每个贷款人（金融中介）提供的信贷合同类型的完全信息。每个潜在的借款人（企业家）只能向一个贷款人（金融中介）申请贷款。时期 t 的信贷市场均衡被定义为这样一个信贷合同集合，在此合同集合下，如果给定 $t+1$ 期的由总资本存量代表的知识资本边际产出，以及其他贷款人的信贷合同集合，没有一个贷款人（金融中介）有激励提供替代的信贷合同集合。很显然，在这样的信贷市场完全竞争中，贷款人（金融中介）在每个合同上获得零利润。

根据上面的分析，由于每个风险投资项目都具有一个独特的成功概率，那么，外部融资在非破产状态下的利率 r_{it}，必然也具有项目独特性。考虑到存在安全资产投资，在均衡条件下，贷款人（金融中介）从对借款人（企业家）的贷款中获得的期望回报率 R_t 应等于安全资产投资回报率 r_t，即 $R_t = r_t = E(q_{t+1}r_{it}) = \rho_{it}q_{t+1}r_{it}, \forall i$。因此，金融中介开出的贷款利率按照如下规则定价：

$$r_{it} = \frac{R_t}{\rho_{it}q_{t+1}} = \frac{r_t}{\rho_{it}q_{t+1}} \tag{2-9}$$

现在，来考察在信息不对称条件下信贷市场的运行状况。根据上面的有关假定，风险投资项目的成功概率 ρ_{it} 是借款人（企业家）的私人信息，只有借款人（企业家）才能免费观察。此外，每个借款人（企业家）内部融资决定也是私人信息。不过，贷款人（金融中介）可以通过支付与项目贷款规模成比例的监管成本，获取风险投资项目成功概率的有关信息。

假定 t 代年轻人 i 的风险投资项目成功概率 ρ_{it} 的信息可由贷款人（金融中介）支付同项目贷款规模 y_{it} 成比例的 $\sigma_{it}y_{it}$ 监管成本获得。那么，在此条件下，贷款人（金融中介）可制定差别化信贷合同 r_{it}、$\dfrac{y_{it}}{1+\sigma_{it}}$，其中，$r_{it}=\dfrac{r_t}{\rho_{it}q_{t+1}}$ 为风险投资项目的贷款利率，$\dfrac{y_{it}}{1+\sigma_{it}}$ 为该项目获得的贷款规模。

需要指出的是，在信贷市场完全竞争中，获取风险投资项目成功概率的有关信息成本由贷款人支付，似乎会造成贷款人亏损（只能获得等于安全资产投资率 r_t 的期望贷款利率 $\rho_{it}r_{it}q_{t+1}$，却要支付额外的项目投资风险的信息成本），从而消除贷款提供的激励。不过，如果上述支付项目投资风险的信息成本所生产的借款人风险分类知识能够进行跨代转售，完善信贷合同安排，这种贷款提供的激励问题就可以得到解决。

很显然，为了顺利实现借款人风险分类知识跨代转售，解决贷款提供的激励问题，需要分别研究借款人（企业家）参与金融网络、申请贷款以及信贷合同优化安排的必要条件。只有借款人（企业家）参与金融网络，申请贷款，贷款人（金融中介）才有生产跨代转售的借款人风险分类知识激励。而后者则涉及在借款人风险分类知识已生产出来条件下，如何通过最优信贷合同方式选择有效利用相关知识、节约信息成本、更有利于借款人风险分类知识跨代转售的问题。

1. 借款人（企业家）参与金融网络的必要条件

首先需要明确考察单个借款人（企业家）参与金融网络的必要条件。根据消费者中性风险偏好，风险投资项目和金融合同、风险项目投融资具有合意性，即存在 $\hat{R}_{it}$、$\tilde{R}_{it}>0$，信贷市场完全竞争等假定，信贷市场均衡结果必然是借款人和贷款人之间一一匹配。

这是因为消费者中性风险偏好，风险项目投融资具有合意性，其期望回报率高于安全资产投资（消费品的储存）回报率 r_t，意味着贷款人将做出极端的资产组合选择，把全部储蓄 $\omega_t = \mu p_{it}\omega_{l_t} + (1-\mu)\omega_{h_t}$ 用于贷款；而企业家与非企业家数目相等，每个企业家只能有效运营一个具有线性技术的风险投资项目，包括企业家在内的家庭被随机赋予一单位的劳动力或人力资本，以及信贷市场完全竞争意味着每个风险投资项目至多能获得相当于一个家庭储蓄 ω_t 的信贷规模；信贷市场通过获得零利润的竞争性金融中介进行运作，则可成本最小化地处理投资项目风险信息不对称条件下的借款人和贷款人匹配问题。

因此，在信贷市场均衡中，借款人（企业家）i 获得贷款时的效用为：

$\rho_{it}(\delta K_t - r_{it})q_{t+1}\dfrac{\omega_t}{1+\sigma_{it}} + \rho_{it}\delta K_t q_{t+1}\omega_t$，借款人（企业家）$i$ 没有申请贷款时的效用为 $\omega_t r_t$。

那么，当且仅当 $\rho_{it}(\delta K_t - r_{it})q_{t+1}\dfrac{\omega_t}{1+\sigma_{it}} + \rho_{it}\delta K_t q_{t+1}\omega_t > \omega_t r_t$ 时，借款人（企业家）i 才有参与金融网络、申请并获得贷款的激励。

运用 $r_{it} = \dfrac{r_t}{\rho_{it}q_{t+1}}$，并进行必要的整理，由上式可得：

$$\rho_{it}\delta K_t q_{t+1} > r_t \qquad\qquad (2-10)$$

定义参数 $r^* \equiv \rho_{it}\delta K_t q_{t+1}$，很显然，可以得出在完全信贷市场中，借款人（企业家）i 选择参与金融网络、申请并获得贷款的均衡状况：

当且仅当 $r^* \equiv \rho_{it}\delta K_t q_{t+1} > r_t$ 时，借款人（企业家）i 才有参与金融网络、申请并获得贷款的激励；当 $r^* \equiv \rho_{it}\delta K_t q_{t+1} = r_t$ 时，借款人（企业家）i 在参与金融网络和不参与金融网络方面无差异；当 $r^* \equiv \rho_{it}\delta K_t q_{t+1} < r_t$ 时，借款人

（企业家）i 则选择不参与金融网络。

由于 $\dfrac{\mathrm{d}r^*}{\mathrm{d}\rho_{it}} > 0, \dfrac{\mathrm{d}r^*}{\mathrm{d}\delta} > 0, \dfrac{\mathrm{d}r^*}{\mathrm{d}K_t} > 0, \dfrac{\mathrm{d}r^*}{\mathrm{d}q_{t+1}} > 0$，这意味着风险项目投资的期望

回报率越高，借款人（企业家）i 参与金融网络、申请并获得贷款的激励越

大。假定在经济增长开始时，借款人（企业家）i 处于自给自足的金融状态，

不参与金融网络，随着总资本存量 K_t 以干中学方式推动的内生经济增长，风

险投资项目期望回报率相应提高，借款人（企业家）i 将逐步过渡为在参与金

融网络和不参与金融网络方面无差异，最终选择参与金融网络、申请并获得

贷款。

上述借款人（企业家）i 选择参与金融网络、申请并获得贷款的必要条

件与获取风险投资项目成功概率的有关信息成本 σ_{it} 无关。这一似乎奇怪结

论的得出关键在于我们假定在信贷市场完全竞争中和信贷市场均衡条件下，

获取风险投资项目成功概率的有关信息成本只能由贷款人支付。因此，借款

人（企业家）i 并不关心获取风险投资项目成功概率的有关信息成本 σ_{it} 支

付。

2. 信贷合同安排优化分析

假定借款人（企业家）参与金融网络的必要条件（即 $r^* \equiv \rho_{it}\delta K_t q_{t+1} > r_t$）已经满足，现在来讨论信贷合同安排优化问题。

为了简化分析，假定可将借款人（企业家）区分为高风险 H 和低风险 L

两类，其风险投资项目成功概率分别为 ρ_{ht} 和 ρ_{lt}（风险投资项目成功时，边际

回报率均为 δK_t；风险投资项目失败时，回报均为 0），$\rho_{lt} > \rho_{ht}$ 的知识生产已经

完成，且属于贷款人（金融中介）的私人信息。风险投资项目产出结果在 $t+1$

期为公共信息。λ 比例的借款人为高风险借款人。借款人（企业家）和贷款人

之间存在项目风险信息不对称，每一个借款人（企业家）风险类型和其内部

融资决定为私人信息。不过，贷款人只要支付同贷款规模成比例的信息成本，就可以确定一个借款人（企业家）风险类型。最后，假定每个风险投资项目规模足够大，均需要一定规模的贷款。

在上述一系列假定条件下，唯一可能的信贷市场均衡只能是信贷分离均衡，即每个贷款人提供一对将高风险借款人从低风险借款人分离出来的合同。假定有信贷配给（Credit Rationing）和甄别（Screening）两种方法可以实现这种分离。很显然，在任一种情况下，低风险借款人并无激励冒充高风险借款人（需支付更高利率），分离可以通过扭曲低风险类型的信贷合同实现。因此，每一个贷款人（金融中介）都会提供高风险类型借款人（企业家）也会接受的合同 $C_{Ht} = (r_{Ht}, y_{Ht})$，其中，$r_{Ht} = \dfrac{r_t}{\rho_{Ht} q_{t+1}}$ 和 y_{Ht} 分别为高风险借款人项目成功时需支付的贷款利率和获得的贷款规模。

低风险贷款合同 C_{Lt} 具有两种形式，即信贷配给合同 C_{Lt}^r 和不确定性甄别合同 C_{Lt}^s。信贷配给合同具体形式为 $C_{Lt}^r = (r_{Lt}^r, y_{Lt}^r, \pi_{Lt})$，其中 $r_{Lt}^r = \dfrac{r_t}{\rho_{Lt} q_{t+1}}$，$y_{Lt}^r$ 和 π_{Lt} 分别为低风险借款人项目成功时需支付的贷款利率、获得的贷款规模以及获得贷款概率。由于 $r_{Lt}^r = \dfrac{r_t}{\rho_{Lt} q_{t+1}} < r_{Ht} = \dfrac{r_t}{\rho_{Ht} q_{t+1}}$，高风险借款人有激励冒充低风险借款人，可以通过申请信贷配给合同 C_{Lt}^r 可能遭到一定概率 $1 - \pi_{Lt}$ 的拒绝来防范。

合同 C_{Ht} 使得高风险借款人获得的边际期望回报为 $\rho_{Ht}(\delta K_t - r_{Ht}) q_{t+1}$，信贷配给合同 C_{Lt}^r 使得高风险借款人获得的边际期望回报为 $\pi_{Lt} \rho_{Ht}(\delta K_t - r_{Lt}^r) q_{t+1}$。为了阻止高风险借款人申请信贷配给合同 C_{Lt}^r，申请信贷配给合同 C_{Lt}^r 成功的概率必须降得足够低，从而使得 $\pi_{Lt} \rho_{Ht}(\delta K_t - r_{Lt}^r) q_{t+1} \leqslant \rho_{Ht}(\delta K_t - r_{Ht}) q_{t+1}$。很显然，当这两者相等时，$\pi_{Lt}$ 达到最优值 π_{Lt}^*，相应的信贷配给成本最小。

$$\pi_{Lt} = \pi_{Lt}^* = \frac{1 - \dfrac{\psi}{\rho_{Ht}}}{1 - \dfrac{\psi}{\rho_{Lt}}}, \psi = \frac{r_t}{\delta K_t q_{t+1}} \qquad (2-11)$$

因此，信贷配给合同 C_{Lt}^r 由 $C_{Lt}^r = \left(\dfrac{r_t}{\rho_{Lt} q_{t+1}}, y_{Lt}^r, \pi_{Lt}^* \right)$ 给定。很显然，对借款人（企业家）而言，在信贷配给均衡中，由于不涉及投资项目风险信息成本问题，风险投资项目内、外部融资均衡规模 x_{Lt}^{r*}、y_{Lt}^{r*} 均为 ω_t。

所谓低风险借款人不确定性甄别合同 C_{Lt}^s，系指通过在低风险借款人甄别合同中，引入不确定性甄别程序，即贷款人只选择部分，而非全部低风险借款合同申请人进行甄别，并且在低风险借款合同申请人受到甄别和未受到甄别情况下进行灵活的利率支付安排，完全能够在支付信息成本的条件下，获得等于安全资产回报率 r_t 的利率 R_t。

低风险借款人不确定性甄别合同 C_{Lt}^s 具体内容可概括如下：在进行甄别时，如果证实低风险借款申请人情况属实，则该低风险借款人在项目成功时，只需支付低于低风险借款人利率得到信贷配给时支付的 $r_{Lt}^r = \dfrac{r_t}{\rho_{Lt} q_{t+1}}$ 利率，在信贷市场均衡时，这一优惠利率 $r_{Lt}^{ss} = r_{Lt}^{ss*} = 0$，相应获得的贷款规模为 $y_{Lt}^{ss} = y_{Lt}^{ss*} = \dfrac{\omega_t}{1 + \delta_{Lt}}$；当低风险借款申请人情况被证伪，贷款人将拒绝提供贷款。而当低风险借款申请人不被甄别时，其虽可获得贷款规模 $y_{Lt}^{sn} = y_{Lt}^{sn*} = \omega_t$，但却需支付高于得到信贷配给时支付的 $r_{Lt}^r = \dfrac{r_t}{\rho_{Lt} q_{t+1}}$ 利率，$r_{Lt}^{sn} = r_{Lt}^{sn*} = \dfrac{r_t}{\rho_{Lt} \varphi_t q_{t+1}}$，其中 φ_{Lt} 为低风险借款申请人不被甄别的概率。因此，低风险借款人不确定性甄别合同 C_{Lt}^s 的形式为：

$$C_{Lt}^s = \left[(\varphi_{Lt}, r_{Lt}^{sn}, y_{Lt}^{sn}), (r_{Lt}^{ss}, y_{Lt}^{ss}) \right]$$

为了消除高风险借款人冒充低风险借款人的激励，必须使得高风险借款人从低风险借款人不确定性甄别合同 C_{Lt}^s 得到的期望回报 $\varphi_{Lt}\rho_{Ht}\left(\delta K_t - \dfrac{r_t}{\varphi_{Lt}\rho_{Lt}q_{t+1}}\right)q_{t+1}$，

不高于从高风险合同 $C_{Ht} = (r_{Ht}, y_{Ht})$ 中获得的边际期望回报 $\rho_{Ht}\left(\delta K_t - \dfrac{r_t}{\rho_{Ht}q_{t+1}}\right)q_{t+1}$，

其中，$r_{Ht} = \dfrac{r_t}{\rho_{Ht}q_{t+1}}$ 和 $y_{Ht} = \omega_t$ 分别为高风险借款人项目成功时需支付的贷款利率和获得的贷款规模。

由条件 $\varphi_{Lt}\rho_{Ht}\left(\delta K_t - \dfrac{r_t}{\varphi_{Lt}\rho_{Lt}q_{t+1}}\right)q_{t+1} \le \rho_{Ht}\left(\delta K_t - \dfrac{r_t}{\rho_{Ht}q_{t+1}}\right)q_{t+1}$，可得：

$$\varphi_{Lt} \le 1 - \left(\frac{1}{\rho_{Ht}} - \frac{1}{\rho_{Lt}}\right)\frac{r_t}{\delta K_t q_{t+1}} \qquad (2-12)$$

当式（2 - 12）的等号成立时，可得低风险借款申请人不被甄别的最优概率 φ_{Lt}^*（也是均衡概率）：

$$\varphi_{Lt}^* = 1 - \left(\frac{1}{\rho_{Ht}} - \frac{1}{\rho_{Lt}}\right)\frac{r_t}{\delta K_t q_{t+1}} \qquad (2-13)$$

这是因为，低风险借款申请人不被甄别的概率越低，低风险借款人在不被甄别条件下需支付的利率越高，会削弱低风险借款人申请贷款的积极性。信贷市场竞争的均衡结果，必定使式（2 - 12）的等式条件成立，并得到式（2 - 13）所示的低风险借款申请人不被甄别的最优概率 φ_{Lt}^*。

根据上面的分析，可以写出低风险借款人从信贷配给合同 C_{Lt}^r 和低风险借款人不确定性甄别合同 C_{Lt}^s 中得到的期望效用 U_{Lt}^r、U_{Lt}^s 表达式。

$$U_{Lt}^r = \rho_{Lt}\pi_{Lt}^*(\delta K_t - r_{Lt}^r)q_{t+1}y_{Lt}^r + (1 - \pi_{Lt}^*)x_{Lt}^r r_t + \pi_{Lt}^*\rho_{Lt}\delta K_t q_{t+1}x_{Lt}^r \qquad (2-14)$$

$$U_{Lt}^s = \rho_{Lt}\varphi_{Lt}^*(\delta K_t - r_{Lt}^{sn})q_{t+1}y_{Lt}^{sn} + (1 - \varphi_{Lt}^*)(\rho_{Lt}\delta K_t - r_{Lt}^{ss})q_{t+1}y_{Lt}^{ss} + \rho_{Lt}\delta K_t q_{t+1}x_{Lt}^n$$

将 $y_{Lt}^{ss} = y_{Lt}^{ss*} = \dfrac{\omega_t}{1+\delta_{Lt}}$，$y_{Lt}^{sn} = y_{Lt}^{sn*} = \omega_t$，$x_{Lt}^{r} = x_{Lt}^{sn} = x_{Lt}^{*} = \omega_t$，代入式（2 -

14），可得在信贷市场均衡条件下，低风险借款人从信贷配给合同 C_{Lt}^{r} 和低

风险借款人（不确定性）甄别合同 C_{Lt}^{s} 中得到的期望效用 U_{Lt}^{r*}、U_{Lt}^{s*}：

$$U_{Lt}^{r*} = \rho_{Lt}\pi_{Lt}^{*}(\delta K_t - r_{Lt}^{r})q_{t+1}\omega_t + (1-\pi_{Lt}^{*})\omega_t r_t + \pi_{Lt}^{*}\rho_{Lt}\delta K_t q_{t+1}\omega_t \qquad (2-15)$$

$$U_{Lt}^{s*} = \rho_{Lt}\varphi_{Lt}^{*}(\delta K_t - r_{Lt}^{sn})q_{t+1}\omega_t + (1-\varphi_{Lt}^{*})(\rho_{Lt}\delta K_t - r_{Lt}^{ss})q_{t+1}\frac{\omega_t}{1+\delta_{Lt}} + \rho_{Lt}\delta K_t q_{t+1}\omega_t$$

将我们推导出的有关变量代入式（2 - 15），可以比较在信贷市场均衡条

件下，低风险借款人从信贷配给合同 C_{Lt}^{r} 和低风险借款人不确定性甄别合同 C_{Lt}^{s}

中获得的效用。在 U_{Lt}^{r*}、U_{Lt}^{s*} 之间，无疑可能存在 3 种关系，即 $U_{Lt}^{r*} \gtreqless U_{Lt}^{s*}$。

由 $U_{Lt}^{r*} > U_{Lt}^{s*}$，我们可能推导出信贷配给合同 C_{Lt}^{r} 优于低风险借款人甄别合同

C_{Lt}^{s} 的充要条件。

将式（2 - 15）所示的 U_{Lt}^{r*}、U_{Lt}^{s*} 代入不等式 $U_{Lt}^{r*} > U_{Lt}^{s*}$，可得：

$$\rho_{Lt}\pi_{Lt}^{*}(\delta K_t - r_{Lt}^{r})q_{t+1}\omega_t + (1-\pi_{Lt}^{*})\omega_t r_t + \pi_{Lt}^{*}\rho_{Lt}\delta K_t q_{t+1}\omega_t > \rho_{Lt}\varphi_t(\delta K_t - r_{Lt}^{sn})q_{t+1}\omega_t +$$
$$(1-\varphi_t)(\rho_{Lt}\delta K_t - r_{Lt}^{ss})q_{t+1}\frac{\omega_t}{1+\delta_{Lt}} + \rho_{Lt}\delta K_t q_{t+1}\omega_t$$

将上式两边同时除以 ω_t，并进行必要的整理，可得：

$$\rho_{Lt}\pi_{Lt}^{*}(\delta K_t - r_{Lt}^{r})q_{t+1} + (1-\pi_{Lt}^{*})r_t - (1-\pi_{Lt}^{*})\rho_{Lt}\delta K_t q_{t+1} > \rho_{Lt}\varphi_{Lt}^{*}(\delta K_t - r_{Lt}^{sn})q_{t+1}$$
$$+ (1-\varphi_{Lt}^{*})(\rho_{Lt}\delta K_t - r_{Lt}^{ss})q_{t+1}\frac{1}{1+\delta_{Lt}}$$

将 $r_{Lt}^{sn} = r_{Lt}^{sn*} = \dfrac{r_t}{\rho_{Lt}\varphi_{Lt}^{*}q_{t+1}}$，$r_{Lt}^{ss} = r_{Lt}^{ss*} = 0$ 代入上式，并进行必要的整理，

可得：

$$\rho_{Lt}\pi_{Lt}^{*}(\delta K_t - r_{Lt}^{r})q_{t+1} + (1-\pi_{Lt}^{*})r_t - (1-\pi_{Lt}^{*})\rho_{Lt}\delta K_t q_{t+1} >$$

$$\left(1 - \pi_{Lt}^* + \varphi_{Lt}^* + \frac{1 - \varphi_{Lt}^*}{1 + \delta_{Lt}}\right)\rho_{Lt}\delta K_t q_{t+1} - r_t$$

将 $r_{Lt}^r = \dfrac{r_t}{\rho_{Lt}q_{t+1}}$ 代入上式，并进行必要的整理，可得：

$$2(1 - \pi_{Lt}^*)r_t > \left(1 - 2\pi_{Lt}^* + \varphi_{Lt}^* + \frac{1 - \varphi_{Lt}^*}{1 + \delta_{Lt}}\right)\rho_{Lt}\delta K_t q_{t+1} - r_t$$

将式（2-11）所示的 $\pi_{Lt}^* = \dfrac{1 - \dfrac{\psi}{\rho_{Ht}}}{1 - \dfrac{\psi}{\rho_{Lt}}}\left(\psi = \dfrac{r_t}{\delta K_t q_{t+1}}\right)$，式（2-13）所示的

$\varphi_{Lt}^* = 1 - \left(\dfrac{1}{\rho_{Ht}} - \dfrac{1}{\rho_{Lt}}\right)\dfrac{r_t}{\delta K_t q_{t+1}}$ 代入上式，并进行必要的整理，可得：

$$r_t > \rho_{Lt}\delta K_t q_{t+1}\left[\frac{1 + \dfrac{1}{2(1 + \sigma_{Lt})}}{1 + \dfrac{\sigma_{Lt}}{2(1 + \sigma_{Lt})}}\right] = \rho_{Lt}\delta K_t q_{t+1}\left(\frac{3 + 2\sigma_{Lt}}{2 + 3\sigma_{Lt}}\right) \qquad (2 - 16)$$

定义参数 $r'^* \equiv \rho_{Lt}\delta K_t q_{t+1}\left(\dfrac{3 + 2\sigma_{Lt}}{2 + 3\sigma_{Lt}}\right)$，当且仅当参数 $r'^* \equiv \rho_{Lt}\delta K_t q_{t+1}\left(\dfrac{3 + 2\sigma_{Lt}}{2 + 3\sigma_{Lt}}\right) <$

0，低风险借款人从信贷配给合同 C_{Lt}^r 中得到的均衡期望效用 U_{Lt}^{r*} 才会高于从低风险借款人不确定性甄别合同 C_{Lt}^s 中得到的均衡期望效用 U_{Lt}^{s*}，从而使得在信贷市场均衡中，信贷配给合同 C_{Lt}^r 优于低风险借款人不确定性甄别合同 C_{Lt}^s。

很显然，运用相同的方法，同样可以推导出 $U_{Lt}^{r*} < U_{Lt}^{s*}$ 和 $U_{Lt}^{r*} = U_{Lt}^{s*}$ 的参数条件。在此基础上，可以定义在存在信贷配给合同 C_{Lt}^r 和低风险借款人不确定性甄别合同 C_{Lt}^s 条件下，信贷合同均衡状况。

（1）当 $r'^* \equiv \rho_{Lt}\delta K_t q_{t+1}\left(\dfrac{3 + 2\sigma_{Lt}}{2 + 3\sigma_{Lt}}\right) < r_t$ 时，在均衡的信贷市场上，信贷配给合同 C_{Lt}^r 将是唯一的信贷合同方式，$C_L^* = C_{Lt}^r(\pi_{Lt}^*, r_{Lt}^r, y_{Lt}^r)$，其中，贷款条

件为：

$$\pi_{Lt}^{*} = \frac{1 - \dfrac{\psi}{\rho_{Ht}}}{1 - \dfrac{\psi}{\rho_{Lt}}}\left(\psi = \frac{r_t}{\delta K_t q_{t+1}}\right), r_{Lt}^{r} = \frac{r_t}{\rho_{Lt} q_{t+1}}, y_{Lt}^{r} = \omega_t$$

（2）当 $r'^{*} \equiv \rho_{Lt}\delta K_t q_{t+1}\left(\dfrac{3 + 2\sigma_{Lt}}{2 + 3\sigma_{Lt}}\right) > r_t$ 时，在均衡的信贷市场上，低风险借

款人不确定性甄别合同 C_{Lt}^{s} 将是唯一的信贷合同方式，$C_{Lt}^{s} = [(\varphi_{Lt}^{*}, r_{Lt}^{sn}, y_{Lt}^{sn}), (r_{Lt}^{ss},$

$y_{Lt}^{ss})]$，其中，贷款条件为：$\varphi_{Lt}^{*} = 1 - \left(\dfrac{1}{\rho_{Ht}} - \dfrac{1}{\rho_{Lt}}\right)\dfrac{r_t}{\delta K_t q_{t+1}}$，$r_{Lt}^{sn} = \dfrac{r_t}{\rho_{Lt}\varphi_t q_{t+1}}$，$y_{Lt}^{sn} = $

ω_t，$r_{Lt}^{ss} = 0$，$y_{Lt}^{ss} = \dfrac{\omega_t}{1 + \sigma_{Lt}}$。

（3）当 $r'^{*} \equiv \rho_{Lt}\delta K_t q_{t+1}\left(\dfrac{3 + 2\sigma_{Lt}}{2 + 3\sigma_{Lt}}\right) = r_t$ 时，在均衡的信贷市场上，信贷配

给合同 C_{Lt}^{r} 和低风险借款人不确定性甄别合同 C_{Lt}^{s} 具有同等竞争优势，同时

存在。

需要指出的是，信贷配给合同 C_{Lt}^{r} 和低风险借款人不确定性甄别合同 C_{Lt}^{s} 竞

争优势主要取决于低风险投资项目的期望回报 $\delta K_t q_{t+1}\rho_{Lt}$ 和与项目风险有关的

信息成本 σ_{Lt}。可以推导出参数 $r'^{*} \equiv \rho_{Lt}\delta K_t q_{t+1}\left(\dfrac{3 + 2\sigma_{Lt}}{2 + 3\sigma_{Lt}}\right)$ 对决定低风险投资

项目的期望回报的每一项因素资本品生产率参数 δ，总资本存量 K_t，以消费

品计价的资本品价格 q_{t+1} 和低风险投资项目成功概率 ρ_{Lt} 的导数均为正，即

$\dfrac{dr'^{*}}{d\delta} > 0, \dfrac{dr'^{*}}{dK_t} > 0, \dfrac{dr'^{*}}{dq_{t+1}} > 0, \dfrac{dr'^{*}}{d\rho_{Lt}} > 0$；对与项目风险有关的信息成本 σ_{Lt} 为

负，即 $\dfrac{dr'^{*}}{d\sigma_{Lt}} < 0$。这意味着低风险投资项目的期望回报越高，与项目风险有

关的信息成本 σ_{Lt} 越低，低风险借款人不确定性甄别合同 C_{Lt}^{s} 的竞争优势越

明显。

根据上述信贷合同均衡状况定义，假定当经济增长开始时，均衡信贷合同形式为信贷配给合同 C_L，随着总资本存量 K_t 以干中学方式推动的内生经济增长，风险投资项目期望回报率相应提高，或与项目风险有关的信息成本降低，均衡信贷合同形式将过渡为信贷配给合同 C_L' 和低风险借款人不确定性甄别合同 C_L' 并存，并最终成为低风险借款人不确定性甄别合同 C_L' 这一唯一均衡信贷合同形式。由此可见，在存在信贷配给合同 C_L' 和低风险借款人不确定性甄别合同 C_L' 条件下，总资本存量 K_t 以干中学方式推动的内生经济增长和风险投资项目期望回报率相应提高所引发的融资要求提高，将最终诱致社会最优的均衡信贷合同形式，低风险借款人不确定性甄别合同 C_L' 出现①。

（三）金融发展和资本积累的相互决定

1. 资本积累对金融发展的决定性影响

根据以上对信贷市场的分析，金融发展水平主要取决于总资本存量 K_t 以干中学方式推动的内生经济增长。总资本存量 K_t 以干中学方式推动的内生经济增长对金融发展具有决定性影响，其内在经济逻辑可概括为：在其他参数和

---

① 需简要探讨一下上述信贷合同优化安排模型的时间一致性问题。应该说，无论是信贷配给合同 C_L，还是低风险借款人不确定性甄别合同 C_L'，都可能无法满足时间一致性标准。这是因为，一旦低风险借款人通过选择合同的恰当形式显示了自己的类型，继续对其进行信贷配给或甄别就是事后无效的。要维持上述信贷合同分离均衡的存在和稳定，必须引进关于这些信贷合同形式的某种"承诺"技术。该种"承诺"技术可以通过声誉或其他效应达到。比如，为了达到信贷分离合同的可信度，可以假定新一代的每个贷款人在进入信贷市场之前，能够从前一代借款人那里购买一个反映信贷分离合同"承诺"技术的品牌（该品牌最初通过固定投资形成）。该品牌由贷者通过固定投资获得，并且其未来价值取决于先前的所有者能否以事前最优合同方式行事。

外生变量都不变的条件下，资本积累所产生的风险项目投资期望回报率 $\rho_{it}\delta K_t q_{t+1}$ 的提高将不仅激励借款人（企业家）参与金融网络、申请并获得贷款，而且在此基础上产生对借款人风险分类知识生产、优化信贷合同方式的足够需求。

当然，信贷市场的运行成本，即获取风险投资项目成功概率的有关信息成本 σ_{it}，也对借款人（企业家）参与金融网络、申请并获得贷款以及借款人风险分类知识生产、优化信贷合同方式产生重要影响，但与有关市场需求相比，毕竟是属于第二性的。比如，只有存在借款人（企业家）参与金融网络、申请并获得贷款的足够需求，在信贷市场均衡条件下，贷款人（金融中介）才可能跨代转售借款人风险分类知识，以优化信贷合同方式，为信贷提供中所支付的获取风险投资项目成功概率的有关信息成本 σ_{it} 融资，从而保持贷款人（金融中介）零利润均衡；同样，在已经获取借款人风险分类知识的条件下，只有在借款人（企业家）足够贷款需求推动下，贷款人（金融中介）才有激励通过支付低风险借款人甄别信息成本，建立低风险借款人不确定性甄别合同 C_L^s 可信度。

根据所得出的在完全信贷市场中借款人（企业家）i 选择参与金融网络、申请并获得贷款的均衡状况，并进而根据 $\dfrac{\mathrm{d}r^*}{\mathrm{d}K_t} > 0$，在其他参数和外生变量都不变的条件下，必然存在一个最高风险合格借款人（企业家）选择参与金融网络、申请并获得贷款的临界总资本存量规模 K_0^*。只有当总资本存量 K_t 高于临界总资本存量规模 K_0^* 时，才有 $r^* \equiv \rho_{it}\delta K_t q_{t+1} > r_t$ 成立，所有合格借款人（企业家）i 一定选择参与金融网络、申请并获得贷款。

此外，根据所得出的在存在信贷配给合同 C_L^r 和低风险借款人不确定性甄别合同 C_L^s 条件下信贷合同均衡状况，并进而根据 $\dfrac{\mathrm{d}r'^*}{\mathrm{d}K_t} > 0$，在其他参数和外生变量都不变的条件下，必然分别存在信贷市场选择信贷配给合同 C'_{Lt} 和低风险借款人不确定性甄别合同 C^s_{Lt} 的临界总资本存量规模 K^*_1、K^*_2。当总资本存量 K_t 低于临界总资本存量规模 K^*_1 时，$r'^* \equiv \rho_{Lt}\delta K_t q_{t+1}\left(\dfrac{3+2\sigma_{Lt}}{2+3\sigma_{Lt}}\right) < r_t$ 成立，信贷市场选择信贷配给合同 C'_{Lt}。当总资本存量 K_t 高于临界总资本存量规模 K^*_2 时，$r'^* \equiv \rho_{Lt}\delta K_t q_{t+1}\left(\dfrac{3+2\sigma_{Lt}}{2+3\sigma_{Lt}}\right) > r_t$ 成立，信贷市场选择低风险借款人不确定性甄别合同 C^s_{Lt}。可以证明，$K^*_1 < K^*_2$。

回顾在存在信贷配给合同 C'_{Lt} 和低风险借款人不确定性甄别合同 C^s_{Lt} 条件下，信贷合同均衡状况的推导过程需要风险项目投融资合意性和投资规模具有不可分割性假定。其中，风险项目投融资合意性意味着 $\rho_{Lt}\delta K_t q_{t+1} > r_t$，$\rho_{Ht}\delta K_t q_{t+1} > r_t$。$\rho_{Lt}\delta K_t q_{t+1} > r_t$，$\rho_{Ht}\delta K_t q_{t+1} > r_t$ 则要求假定只存在高风险 H 和低风险 L 两类借款人的条件下，首先必须有总资本存量 K_t 高于临界总资本存量规模 K^*_0，使得所有合格借款人（企业家）i 一定选择参与金融网络、申请并获得贷款（其中 $i = H, L$）。考虑到总资本存量 K_t 是推动经济内生增长的变量，可以推想 $K^*_0 < K^*_1 < K^*_2$。

由上述得到的关系式 $K^*_0 < K^*_1 < K^*_2$，可将金融发展水平大致划分为如下 3 个阶段：①金融自给自足或信贷市场萌芽阶段，即借款人（企业家）i 选择参与金融网络、申请并获得贷款具有不确定性和不稳定性。在此阶段中，总资本存量 K_t 低于所有合格借款人（企业家）i 选择参与金融网络、申请并获得贷款的临界总资本存量规模 K^*_0，借款人（企业家）i 可能选择不参与金融网络、申请并获得贷款。由于信贷市场需求不稳定，贷款人（金融中介）自然也没有足够激励提供贷款，并在此基础上，生产借款人风险分类知识。②信贷市场确定性产生阶段。在此阶段中，总资本存量 K_t 高于所有合格借款人（企业家）

i 选择参与金融网络、申请并获得贷款的临界总资本存量规模 K_0^*，借款人（企业家）i 一定选择参与金融网络、申请并获得贷款，从而对贷款人（金融中介）提供贷款，并在此基础上，生产借款人风险分类知识产生足够的需求激励，信贷市场得以确定性产生。可以考虑将信贷市场已经产生但尚未生产出借款人风险分类知识 β_H、β_L 的信贷市场发展阶段视为金融初级发展阶段。③信贷市场合同优化阶段。在此阶段中，借款人风险分类知识 β_H、β_L 已经生产出来，当总资本存量 K_t 低于临界总资本存量规模 K_1^* 时，信贷市场选择信贷配给合同 C_{Li}^r；当总资本存量 K_t 高于临界总资本存量规模 K_2^* 时，信贷市场选择低风险借款人不确定性甄别合同 C_{Li}^s。可将信贷市场合同优化阶段视为金融发展高级阶段。

很显然，上述对金融发展阶段的划分是严格遵循金融发展需求导向的理论思路（其中有关金融供给面因素系对需求面因素的内生反应），考虑到总资本存量系决定风险项目投资的最关键因素，金融发展需求又由资本积累及其所推动的内生经济增长决定。即使假定在经济增长开始时，金融发展处于金融自给自足或信贷市场萌芽阶段，借款人（企业家）i 可能不选择参与金融网络、申请并获得贷款。不过，随着总资本存量 K_t 以干中学方式推动的内生经济增长，风险投资项目期望回报率相应提高，金融发展将依次进入金融初级和高级发展阶段。

2. 金融发展对资本积累的推动作用

尽管资本积累对金融发展具有决定性影响，但金融发展水平无疑也对资本积累产生推动作用。

首先，比较金融自给自足或信贷市场萌芽阶段和金融初级发展阶段（此阶段信贷市场已经产生，但尚未生产出借款人风险分类知识 β_H、β_L）的资本积累状况差异。

为了分析简便，假定在金融自给自足或信贷市场萌芽阶段，外部融资成本畸高，只存在内部融资，并且只有低风险企业家在只有内部融资时才进行资本积累。那么，低风险企业家最高投融资规模等于其人力资本或劳动力报酬 $\omega_t = \mu p_{it}\omega_{lt} + (1-\mu)\omega_{ht}$，可雇用的人力资本水平为 $(1-\mu)\left(p_{it}p'_{yt}\dfrac{\alpha}{\beta}+1\right)$[①]，相应的风险项目投资回报率为 r_t（等于安全资产投资回报率），低风险企业家均衡资本积累规模 k^*_{1Lt}（其中下标 1 表示处于金融第一发展阶段，即金融自给自足或信贷市场萌芽阶段）则是 $(1-\mu)\left(p_{it}p'_{yt}\dfrac{\alpha}{\beta}+1\right)r_t$。由低风险企业家 λ 比重，可知金融自给自足或信贷市场萌芽阶段企业家平均资本积累规模：

$$k^*_1 = \lambda(1-\mu)\left(p_{it}p'_{yt}\frac{\alpha}{\beta}+1\right)r_t \qquad\qquad (2-17)$$

在金融初级发展阶段（此阶段信贷市场已经产生，但尚未生产出借款人风险分类知识 β_H、β_L），无论是低风险还是高风险借款人（企业家）均可由贷款人（金融中介）支付有关风险项目投资成功概率的信息成本（假定低风险

[①] 可雇用的人力资本水平推导过程如下：由投融资规模等于 $\omega_t = \mu p_{it}\omega_{lt} + (1-\mu)\omega_{h_t}$ 以及人力资本报酬 ω_{h_t}，可得可雇用的人力资本水平等于 $\dfrac{\omega_t}{\omega_{h_t}}$；将 $\omega_t = \mu p_{it}\omega_{lt} + (1-\mu)\omega_{h_t}$ 代入 $\dfrac{\omega_t}{\omega_{h_t}}$，可得：$\dfrac{\omega_t}{\omega_{h_t}} = \mu p_{it}\dfrac{\omega_{lt}}{\omega_{h_t}} + 1 - \mu$；将 $\omega_{h_t} = \alpha A h_t^{\alpha-1}l_t^{\beta}K_t\,\overline{k_t}^{1-\alpha-\beta}$、$\omega_{lt} = \dfrac{\mathrm{d}Y_t}{\mathrm{d}l_t} = \beta A h_t^{\alpha}l_t^{\beta-1}K_t\,\overline{k_t}^{1-\alpha-\beta}$ 代入上式，并进行必要的整理，可得：$\dfrac{\omega_t}{\omega_{h_t}} = \mu p_{it}\dfrac{\alpha}{\beta}\dfrac{h_t}{l_t} + 1 - \mu$。鉴于资本品生产的人力资本边际报酬不变，资本品和消费品生产部门的人力资本工资率相等，在均衡条件下，人力资本在各部门中的雇用比例不变，令 p'_{yt} 为消费品生产部门雇用的人力资本比例，将 $\dfrac{h_t}{l_t} = p'_{yt}\dfrac{1-\mu}{\mu}$ 代入上式，并进行必要的整理，可得：$\dfrac{\omega_t}{\omega_{h_t}} = (1-\mu)\left(p_{it}p'_{yt}\dfrac{\alpha}{\beta}+1\right)$。

和高风险借款人的监督信息成本 σ_{Lt}、σ_{Ht} 相等），获得均衡外部融资（借款）$\dfrac{\omega_t}{1+\sigma_{Lt}}$，可雇用的人力资本水平为 $\left(1+\dfrac{1}{1+\sigma_{Lt}}\right)(1-\mu)\left(p_{it}p'_{yt}\dfrac{\alpha}{\beta}+1\right)$，相应的风险项目投资回报率则分别为 $\rho_{Lt}\delta K_t q_{t+1}$、$\rho_{Ht}\delta K_t q_{t+1}$。那么，低风险和高风险借款人（企业家）均衡资本积累规模 k^*_{2Lt}、k^*_{2Ht}（其中下标 2 表示处于金融第二发展阶段，即金融初级发展阶段）则分别是 $\rho_{Lt}\delta K_t q_{t+1}\left(1+\dfrac{1}{1+\sigma_{Lt}}\right)(1-\mu)\left(p_{it}p'_{yt}\dfrac{\alpha}{\beta}+1\right)$、$\rho_{Ht}\delta K_t q_{t+1}\left(1+\dfrac{1}{1+\sigma_{Lt}}\right)(1-\mu)\left(p_{it}p'_{yt}\dfrac{\alpha}{\beta}+1\right)$。由低风险和高风险借款人（企业家）比重分别为 λ 和 $1-\lambda$，金融初级发展阶段借款人（企业家）平均知识资本积累规模为：

$$k^*_2 = \lambda k^*_{2Lt} + (1-\lambda)k^*_{2Ht} = \left[\lambda\rho_{Lt} + (1-\lambda)\rho_{Ht}\right]\delta K_t q_{t+1}$$
$$\left(1+\frac{1}{1+\sigma_{Lt}}\right)(1-\mu)\left(p_{it}p'_{yt}\frac{\alpha}{\beta}+1\right) \tag{2-18}$$

很显然，金融发展初级阶段的借款人（企业家）平均资本积累规模 k^*_2 高于金融自给自足或信贷市场萌芽阶段的企业家平均资本积累规模 k^*_1，其理由有三：①参与知识资本积累的企业家人数更多。金融自给自足或信贷市场萌芽阶段只有低风险企业家参与资本积累，而金融发展初级阶段低风险和高风险企业家均参与资本积累①。②每位企业家的风险项目投资规模更大。金融自给自足或信贷市场萌芽阶段企业家用于雇用人力资本的资金只有 ω_t，而金融发展初级阶段企业家用于雇用人力资本的资金则是 $\left(1+\dfrac{1}{1+\sigma_{Lt}}\right)\omega_t > \omega_t$。③企业家资本积累的期望回报率更高。由信贷市场

---

① 在模型中，引入低风险和高风险企业家只有内部融资时的风险项目投资高于安全资产投资回报率 r_t 的期望回报率，可消除这一条理由，但不会改变基本结论。

产生的条件可知，低风险和高风险企业家在获得外部融资条件下，风险项目投资期望回报率（$\rho_{Lt}\delta K_t q_{t+1}$，$\rho_{Ht}\delta K_t q_{t+1}$）均高于安全资产投资回报率 r_t。

其次，比较金融高级发展阶段，即信贷合同优化阶段内部（此阶段借款人风险分类知识 β_H、β_L 已经生产出来，可用于最优信贷合同的选择）的资本积累状况差异。由于在信贷合同优化阶段，信贷市场将先后选择信贷配给合同 C_{Lt}^r 和低风险借款人不确定性甄别合同 C_{Lt}^s，比较两种不同信贷合同形式对资本积累的影响十分必要。

由式（2 – 15）所示的低风险借款人从信贷配给合同 C_{Lt}^r 和低风险借款人不确定性甄别合同 C_{Lt}^s 中得到的均衡期望效用 U_{Lt}^{r*}、U_{Lt}^{s*} 可知：在信贷市场选择信贷配给合同 C_{Lt}^r 条件下，低风险借款人以 π_{Lt}^{r*} 的概率获得均衡贷款额 ω_t，$1-\pi_{Lt}^{r*}$ 的概率获得零贷款。低风险借款人获得贷款时的均衡风险项目投资额为 $2\omega_t$，可雇用人力资本水平为 $2(1-\mu)\left(p_{it}p_{yt}'\dfrac{\alpha}{\beta}+1\right)$，相应的投资期望回报率为 $\rho_{Lt}\delta K_t q_{t+1}$；低风险借款人无法获得贷款时的均衡风险项目投资额为 ω_t，可雇用人力资本水平为 $(1-\mu)\left(p_{it}p_{yt}'\dfrac{\alpha}{\beta}+1\right)$，相应的投资期望回报率为 $r_t < \rho_{Lt}\delta K_t q_{t+1}$。那么，低风险借款人均衡资本积累规模为 $[2\pi_{Lt}^{r*}\rho_{Lt}\delta K_t q_{t+1}+(1-\pi_{Lt}^{r*})r_t](1-\mu)\left(p_{it}p_{yt}'\dfrac{\alpha}{\beta}+1\right)$。由于在信贷市场选择信贷配给合同 C_{Lt}^r 条件下高风险借款人总能获得均衡贷款额 ω_t，其均衡风险项目投资额为 $2\omega_t$，可雇用人力资本水平为 $2(1-\mu)\left(p_{it}p_{yt}'\dfrac{\alpha}{\beta}+1\right)$，相应的投资期望回报率则变成 $\rho_{Ht}\delta K_t q_{t+1}$。那么，在信贷市场选择信贷配给合同 C_{Lt}^r 条件下，高风险借款人知识资本积累规模为 $2(1-\mu)\left(p_{it}p_{yt}'\dfrac{\alpha}{\beta}+1\right)\rho_{Ht}\delta K_t q_{t+1}$。由低风险和高风险借款

人（企业家）比重分别为 λ 和 $1-\lambda$，在信贷市场选择信贷配给合同 C_{Lt}^r 条件下，借款人（企业家）平均资本积累规模（其中下标 r 表示信贷市场选择信贷配给合同 C_{Lt}^r）：

$$k_r^* = \{\lambda[2\pi_{Lt}^{r*}\rho_{Lt}\delta K_t q_{t+1} + (1-\pi_{Lt}^{r*})r_t] + 2(1-\lambda)\rho_{Ht}\delta K_t q_{t+1}\} \\ (1-\mu)\left(p_{it}p_{yt}'\frac{\alpha}{\beta}+1\right) \tag{2-19}$$

在信贷市场选择低风险借款人不确定性甄别合同 C_{Lt}^s 条件下，低风险借款人以 φ_{Lt}^* 的概率获得均衡信贷额 ω_t，其均衡风险项目投资额为 $2\omega_t$，可雇用人力资本水平为 $2(1-\mu)\left(p_{it}p_{yt}'\frac{\alpha}{\beta}+1\right)$；以 $1-\varphi_{Lt}^*$ 的概率获得均衡信贷额 $\frac{\omega_t}{1+\sigma_{Lt}}$，其均衡风险项目投资额与可雇用人力资本水平分别为 $\left(1+\frac{1}{1+\sigma_{Lt}}\right)\omega_t$、$\left(1+\frac{1}{1+\sigma_{Lt}}\right)(1-\mu)\left(p_{it}p_{yt}'\frac{\alpha}{\beta}+1\right)$。由低风险借款人在不同信贷额下，风险项目投资期望回报率均为 $\rho_{Lt}\delta K_t q_{t+1}$，可得低风险借款人均衡资本积累规模为 $\left[2\varphi_{Lt}^* + \left(1+\frac{1}{1+\sigma_{Lt}}\right)(1-\varphi_{Lt}^*)\right](1-\mu)\left(p_{it}p_{yt}'\frac{\alpha}{\beta}+1\right)\rho_{Lt}\delta K_t q_{t+1}$。

由于在信贷市场选择低风险借款人不确定性甄别合同 C_{Lt}^s 条件下，高风险借款人也总能获得均衡贷款额 ω_t，其相应的均衡风险项目投资额、可雇用人力资本水平和投资期望回报率同样分别为 $2\omega_t$、$2(1-\mu)\left(p_{it}p_{yt}'\frac{\alpha}{\beta}+1\right)$、$\rho_{Ht}\delta K_t q_{t+1}$。由此可得，在信贷市场选择低风险借款人不确定性甄别合同 C_{Lt}^s 条件下，高风险借款人均衡资本积累规模为 $2(1-\mu)\left(p_{it}p_{yt}'\frac{\alpha}{\beta}+1\right)\rho_{Ht}\delta K_t q_{t+1}$。

由低风险和高风险借款人（企业家）比重分别为 λ 和 $1-\lambda$，在信贷市场选择低风险借款人不确定性甄别合同 C_{Lt}^s 条件下，借款人（企业家）平均资本积累规模（其中下标 s 表示信贷市场选择低风险借款人不确定性甄别

合同 C_{Lt}^{s})：

$$k_{s}^{*} = \left\{ \lambda \left[2\varphi_{Lt}^{*} + \left(1 + \frac{1}{1+\sigma_{Lt}} \right)(1-\varphi_{Lt}^{*}) \right] \rho_{Lt} + 2(1-) \right.$$
$$\left. (\lambda)\rho_{Ht} \right\} (1-\mu) \left(p_{it}p_{yt}' \frac{\alpha}{\beta} + 1 \right) \delta K_t q_{t+1} \qquad (2-20)$$

将式（2-11）和（2-13）所示的低风险借款人最优信贷配给率 π_{Lt}^{r*}、低风险借款人最优不被甄别的概率 φ_{Lt}^{*} 分别代入在信贷市场选择信贷配给合同 C_{Lt}^{r} 和低风险借款人不确定性甄别合同 C_{Lt}^{s} 条件下借款人（企业家）平均资本积累规模 k_r^*、k_s^* 的表达式（2-19）和（2-20），可以证明 $k_r^* < k_s^*$，其过程如下：

由式（2-19）和（2-20）可得：

$$k_r^* - k_s^* = \left\{ \lambda [2\pi_{Lt}^{r*} \rho_{Lt} \delta K_t q_{t+1} + (1-\pi_{Lt}^{r*}) r_t] + 2(1-\lambda)\rho_{Ht} \delta K_t q_{t+1} \right\}$$
$$(1-\mu)\left(p_{it}p_{yt}'\frac{\alpha}{\beta} + 1 \right) - \left\{ \lambda \left[2\varphi_{Lt}^{*} + \left(1 + \frac{1}{1+\sigma_{Lt}} \right)(1-\varphi_{Lt}^{*}) \right] \rho_{Lt} + 2(1-) \right.$$
$$\left. (\lambda)\rho_{Ht} \right\}(1-\mu)\left(p_{it}p_{yt}'\frac{\alpha}{\beta}+1 \right)\delta K_t q_{t+1}$$

由在信贷市场选择信贷配给合同 C_{Lt}^{r} 和低风险借款人不确定性甄别合同 C_{Lt}^{s} 条件下高风险借款人均衡知识资本积累规模相同，可将上式简化为：

$$k_r^* - k_s^* = \lambda [2\pi_{Lt}^{r*} \rho_{Lt} \delta K_t q_{t+1} + (1-\pi_{Lt}^{r*}) r_t](1-\mu)\left(p_{it}p_{yt}'\frac{\alpha}{\beta}+1 \right) -$$
$$\lambda \left[2\varphi_{Lt}^{*} + \left(1 + \frac{1}{1+\sigma_{Lt}} \right)(1-\varphi_{Lt}^{*}) \right] \rho_{Lt} \delta K_t q_{t+1}(1-\mu)\left(p_{it}p_{yt}'\frac{\alpha}{\beta}+1 \right)$$

将上式两边同除以 $\lambda(1-\mu)\left(p_{it}p_{yt}'\frac{\alpha}{\beta}+1 \right)$，可得：

$$\frac{k_r^* - k_s^*}{\lambda(1-\mu)\left(p_{it}p_{yt}'\frac{\alpha}{\beta}+1 \right)} = [2\pi_{Lt}^{r*} \rho_{Lt} \delta K_t q_{t+1} + (1-\pi_{Lt}^{r*}) r_t] -$$

$$\left[2\varphi_{Lt}^{*} + \left(1 + \frac{1}{1 + \sigma_{Lt}}\right)(1 - \varphi_{Lt}^{*})\right]\rho_{Lt}\delta K_{t}q_{t+1}$$

对上式进行必要的整理，可得：

$$\frac{k_{r}^{*} - k_{s}^{*}}{\lambda(1 - \mu)\left(p_{it}p_{yt}'\frac{\alpha}{\beta} + 1\right)} = \left[\pi_{Lt}^{r*}\rho_{Lt}\delta K_{t}q_{t+1} + (1 - \pi_{Lt}^{r*})r_{t} - \rho_{Lt}\delta K_{t}q_{t+1}\right]$$
$$+ \left[\pi_{Lt}^{r*} - \varphi_{Lt}^{*} - \frac{1}{1 + \sigma_{Lt}}(1 - \varphi_{Lt}^{*})\right]\rho_{Lt}\delta K_{t}q_{t+1}$$

令 $B = \pi_{Lt}^{r*}\rho_{Lt}\delta K_{t}q_{t+1} + (1 - \pi_{Lt}^{r*})r_{t} - \rho_{Lt}\delta K_{t}q_{t+1}, C = \left[\pi_{Lt}^{r*} - \varphi_{Lt}^{*} - \right.$

$\left. \frac{1}{1 + \sigma_{Lt}}(1 - \varphi_{Lt}^{*})\right]\rho_{Lt}\delta K_{t}q_{t+1}$ ，可将上式改写为：

$$\frac{k_{r}^{*} - k_{s}^{*}}{\lambda(1 - \mu)\left(\mu p_{it}p_{yt}'\frac{\alpha}{\beta} + 1\right)} = B + C = \left[\pi_{Lt}^{r*}\rho_{Lt}\delta K_{t}q_{t+1} + (1 - \pi_{Lt}^{r*})r_{t} - \rho_{Lt}\delta K_{t}q_{t+1}\right]$$
$$+ \left[\pi_{Lt}^{r*} - \varphi_{Lt}^{*} - \frac{1}{1 + \sigma_{Lt}}(1 - \varphi_{Lt}^{*})\right]\rho_{Lt}\delta K_{t}q_{t+1}$$

其中，$B = \pi_{Lt}^{r*}\rho_{Lt}\delta K_{t}q_{t+1} + (1 - \pi_{Lt}^{r*})r_{t} - \rho_{Lt}\delta K_{t}q_{t+1}$ 代表低风险借款人（企业家）在信贷市场选择信贷配给合同 C_{Lt}^{r} 和低风险借款人不确定性甄别合同 C_{Lt}^{s} 条件下，内部融资产生的风险项目投资期望回报率差额，$C = \left[\pi_{Lt}^{r*} - \varphi_{Lt}^{*} - \frac{1}{1 + \sigma_{Lt}}(1 - \varphi_{Lt}^{*})\right]\rho_{Lt}\delta K_{t}q_{t+1}$ 则是外部融资（借款）产生的风险项目投资期望回报率差额。

由 $0 < \pi_{Lt}^{r*} < 1, r_{t} < \rho_{Lt}\delta K_{t}q_{t+1}$ 可知，$B = \pi_{Lt}^{r*}\rho_{Lt}\delta K_{t}q_{t+1} + (1 - \pi_{Lt}^{r*})r_{t} - \rho_{Lt}\delta K_{t}q_{t+1} < 0$ 。这是因为在信贷市场选择信贷配给合同 C_{Lt}^{r} 条件下，低风险借款人（企业家）内部融资只有 $\pi_{Lt}^{r*} \in (0,1)$ 的概率获得期望回报率 $\rho_{Lt}\delta K_{t}q_{t+1}$ ，而在信贷市场选择低风险借款人不确定性甄别合同 C_{Lt}^{s} 条件下，获得期望回报率 $\rho_{Lt}\delta K_{t}q_{t+1}$ 的概率上升至 1。

将 $\pi_{Lt}^{r*} = \dfrac{1 - \dfrac{\psi}{\rho_{Ht}}}{1 - \dfrac{\psi}{\rho_{Lt}}}\left(\psi = \dfrac{r_t}{\delta K_t q_{t+1}}\right)$，$\varphi_{Lt}^* = 1 - \left(\dfrac{1}{\rho_{Ht}} - \dfrac{1}{\rho_{Lt}}\right)\dfrac{r_t}{\delta K_t q_{t+1}}$ 代入 $\pi_{Lt}^{r*} - \varphi_{Lt}^*$，可得：

$$\pi_{Lt}^{r*} - \varphi_{Lt}^* = \dfrac{\dfrac{\psi}{\rho_{Lt}} - \dfrac{\psi}{\rho_{Ht}}}{1 - \dfrac{\psi}{\rho_{Lt}}} + \left(\dfrac{1}{\rho_{Ht}} - \dfrac{1}{\rho_{Lt}}\right)\dfrac{r_t}{\delta K_t q_{t+1}} = \left(\dfrac{1}{\rho_{Lt}} - \dfrac{1}{\rho_{Ht}}\right)\dfrac{r_t}{\delta K_t q_{t+1}}\left(\dfrac{1}{1 - \dfrac{r_t}{\rho_{Lt}\delta K_t q_{t+1}}} - 1\right) =$$

$$\left(\dfrac{1}{\rho_{Lt}} - \dfrac{1}{\rho_{Ht}}\right)\dfrac{r_t}{\delta K_t q_{t+1}} \dfrac{\dfrac{r_t}{\rho_{Lt}\delta K_t q_{t+1}}}{1 - \dfrac{r_t}{\rho_{Lt}\delta K_t q_{t+1}}}$$

由 $0 < \rho_{Ht} < \rho_{Lt} < 1$（可推导出 $\dfrac{1}{\rho_{Lt}} - \dfrac{1}{\rho_{Ht}} < 0$）、$r_t < \rho_{Lt}\delta K_t q_{t+1}$（可推导出 $\dfrac{1}{1 - \dfrac{r_t}{\rho_{Lt}\delta K_t q_{t+1}}} > 0$），其他参数和变量均为正，可知：$\pi_{Lt}^{r*} - \varphi_{Lt}^* < 0$。

由 $\pi_{Lt}^{r*} - \varphi_{Lt}^* < 0$，$0 < \varphi_{Lt}^* < 1$（可推导出 $0 < 1 - \varphi_{Lt}^* < 1$），$C = \left[\pi_{Lt}^{r*} - \varphi_{Lt}^* - \dfrac{1}{1 + \sigma_{Lt}}(1 - \varphi_{Lt}^*)\right]\rho_{Lt}\delta K_t q_{t+1}$，其他参数和变量均为正，可知：$C = \left[\pi_{Lt}^{r*} - \varphi_{Lt}^* - \dfrac{1}{1 + \sigma_{Lt}}(1 - \varphi_{Lt}^*)\right]\rho_{Lt}\delta K_t q_{t+1} < 0$。这是因为在信贷市场选择低风险借款人不确定性甄别合同 C_{Lt}^s 条件下，仅低风险借款不被甄别，获得全额信贷（不必扣除与风险投资项目成功概率的信息成本）概率 φ_{Lt}^* 高于在信贷市场选择信贷配给合同 C_{Lt}^r 条件下低风险借款人获得信贷配给概率，$\pi_{Lt}^{r*} < 1$，更不必说低风险借款在被甄别时还可获得扣除与风险投资项目成功概率的信息成本后的信贷额。很显然，低风险借款人在低风险借款人不确定性甄别合同 C_{Lt}^s 条件下，其外部融资的期望回报率高于在信贷配给合同 C_{Lt}^r 条件下的外部融资期望回报率。

由 $B = \pi_{Li}^{r*}\rho_{Li}\delta K_t q_{t+1} + (1 - \pi_{Li}^{r*})r_t - \rho_{Li}\delta K_t q_{t+1} < 0$, $C = \left[\pi_{Li}^{r*} - \varphi_{Li}^{*} - \right.$

$\left. \dfrac{1}{1+\sigma_{Li}}(1 - \varphi_{Li}^{*})\right]\rho_{Li}\delta K_t q_{t+1} < 0$, $\dfrac{k_r^* - k_s^*}{\lambda(1-\mu)\left(p_{it}p'_{yt}\dfrac{\alpha}{\beta}+1\right)} = B + C$, $0 < \mu <$

1，其他参数和变量均为正，可得：

$$k_r^* - k_s^* = (B+C)\lambda(1-\mu)\left(p_{it}p'_{yt}\frac{\alpha}{\beta}+1\right) < 0 \qquad (2-21)$$

由式（2-21）可知，在信贷市场选择低风险借款人不确定性甄别合同 C_{Li}^s 条件下，借款人（企业家）平均资本积累规模 k_s^*，高于信贷市场选择信贷配给合同 C_{Li}^r 条件下借款人（企业家）平均资本积累规模 k_r^*。由此可见，在金融高级发展阶段（此阶段借款人风险分类知识 β_H、β_L 已经生产出来，可用于最优信贷合同的选择），信贷合同优化有助于推动资本积累。

最后，比较金融初级发展阶段（此阶段信贷市场已经产生，但尚未生产出借款人风险分类知识 β_H、β_L ）和金融高级发展阶段，即信贷合同优化阶段内部（此阶段借款人风险分类知识 β_H、β_L 已经生产出来，可用于最优信贷合同的选择）的资本积累状况差异。

由于在信贷市场选择低风险借款人不确定性甄别合同 C_{Li}^s 条件下，贷款人（金融中介）只需支付与被甄别的低风险借款申请人投资项目成功概率有关的信息成本，而在金融初级发展阶段，贷款人（金融中介）则需支付与所有低风险和高风险借款人投资项目成功概率有关的信息成本，在信贷市场选择低风险借款人不确定性甄别合同 C_{Li}^s 条件下，其相应的均衡资本积累规模无疑高于金融初级发展阶段相应的均衡资本积累规模，即 $k_s^* > k_2^*$。因此，只需比较在信贷市场选择信贷配给合同 C_{Li}^r 条件下，以及在金融初级发展阶段的资本积累状况差异。

根据以上的分析，在信贷市场选择信贷配给合同 C_{Lt}^r 条件下，低风险借款人、高风险借款人以及借款人（企业家）均衡资本积累规模分别为

$$[2\pi_{Lt}^{r*}\rho_{Lt}\delta K_t q_{t+1} + (1-\pi_{Lt}^{r*})r_t](1-\mu)\left(p_{it}p_{yt}'\frac{\alpha}{\beta}+1\right) \text{、} 2(1-\mu)\left(p_{it}p_{yt}'\frac{\alpha}{\beta}+1\right)$$

$\rho_{Ht}\delta K_t q_{t+1}$ 、 $k_r^* = \{\lambda[2\pi_{Lt}^{r*}\rho_{Lt}\delta K_t q_{t+1} + (1-\pi_{Lt}^{r*})r_t] + 2(1-\lambda)\rho_{Ht}\delta K_t q_{t+1}\}(1-$

$\mu)\left(p_{it}p_{yt}'\frac{\alpha}{\beta}+1\right)$ 。

在金融初级发展阶段，低风险借款人、高风险借款人以及借款人（企业家）均衡资本积累规模分别为 $\rho_{Lt}\delta K_t q_{t+1}\left(1+\frac{1}{1+\sigma_{Lt}}\right)(1-\mu)\left(p_{it}p_{yt}'\frac{\alpha}{\beta}+1\right)$ 、

$\rho_{Ht}\delta K_t q_{t+1}\left(1+\frac{1}{1+\sigma_{Lt}}\right)(1-\mu)\left(p_{it}p_{yt}'\frac{\alpha}{\beta}+1\right)$ 、 $k_2^* = [\lambda\rho_{Lt}+(1-\lambda)\rho_{Ht}]$

$\delta K_t q_{t+1}\left(1+\frac{1}{1+\sigma_{Lt}}\right)(1-\mu)\left(p_{it}p_{yt}'\frac{\alpha}{\beta}+1\right)$ 。

很显然，在信贷市场选择信贷配给合同 C_{Lt}^r 条件下和金融初级发展阶段借款人（企业家）均衡资本积累规模差额等于：

$$k_r^* - k_2^* = \left\{\lambda[2\pi_{Lt}^{r*}\rho_{Lt}\delta K_t q_{t+1} + (1-\pi_{Lt}^{r*})r_t] + 2(1-\lambda)\rho_{Ht}\delta K_t q_{t+1}\right\}(1-$$
$$\mu)\left(p_{it}p_{yt}'\frac{\alpha}{\beta}+1\right) - [\lambda\rho_{Lt}+(1-\lambda)\rho_{Ht}]\delta K_t q_{t+1}(1+$$
$$\frac{1}{1+\sigma_{Lt}})(1-\mu)\left(p_{it}p_{yt}'\frac{\alpha}{\beta}+1\right)$$

将上式进行必要的整理，可得：

$$k_r^* - k_2^* = \left\{\lambda[2\pi_{Lt}^{r*}\rho_{Lt}\delta K_t q_{t+1} + (1-\pi_{Lt}^{r*})r_t] - \lambda\rho_{Lt}\delta K_t q_{t+1}\left(1+\frac{1}{1+\sigma_{Lt}}\right)\right\}$$
$$(1-\mu)\left(p_{it}p_{yt}'\frac{\alpha}{\beta}+1\right) + [2(1-\lambda)\rho_{Ht}\delta K_t q_{t+1} - (1-\lambda)\rho_{Ht}\delta K_t q_{t+1}$$
$$\left(1+\frac{1}{1+\sigma_{Lt}}\right)](1-\mu)\left(p_{it}p_{yt}'\frac{\alpha}{\beta}+1\right)$$

令 $D = \left\{ \lambda \left[2\pi_{Lt}^{r*} \rho_{Lt} \delta K_t q_{t+1} + (1 - \pi_{Lt}^{r*}) r_t \right] - \lambda \rho_{Lt} \delta K_t q_{t+1} \left(1 + \dfrac{1}{1 + \sigma_{Lt}} \right) \right\} (1 - \mu) \left(p_{it} p_{yt}' \dfrac{\alpha}{\beta} + 1 \right), E = \left[2(1 - \lambda) \rho_{Ht} \delta K_t q_{t+1} - (1 - \lambda) \rho_{Ht} \delta K_t q_{t+1} \left(1 + \dfrac{1}{1 + \sigma_{Lt}} \right) \right] (1 - \mu) \left(p_{it} p_{yt}' \dfrac{\alpha}{\beta} + 1 \right)$，其中，$D = \left\{ \lambda \left[2\pi_{Lt}^{r*} \rho_{Lt} \delta K_t q_{t+1} + (1 - \pi_{Lt}^{r*}) r_t \right] - \lambda \rho_{Lt} \delta K_t q_{t+1} \left(1 + \dfrac{1}{1 + \sigma_{Lt}} \right) \right\} (1 - \mu) \left(p_{it} p_{yt}' \dfrac{\alpha}{\beta} + 1 \right)$ 为在信贷市场选择信贷配给合同 C_{Lt}^r 条件下和金融初级发展阶段低风险借款人（企业家）均衡资本积累规模差额，$E = \left[2(1 - \lambda) \rho_{Ht} \delta K_t q_{t+1} - (1 - \lambda) \rho_{Ht} \delta K_t q_{t+1} \left(1 + \dfrac{1}{1 + \sigma_{Lt}} \right) \right] (1 - \mu) \left(p_{it} p_{yt}' \dfrac{\alpha}{\beta} + 1 \right)$ 为在信贷市场选择信贷配给合同 C_{Lt}^r 条件下和金融初级发展阶段高风险借款人（企业家）均衡资本积累规模差额。

由 $\sigma_{Lt} > 0$，可知 $2 > 1 + \dfrac{1}{1 + \sigma_{Lt}}$，并可推导出 $E = \left[2(1 - \lambda) \rho_{Ht} \delta K_t q_{t+1} - (1 - \lambda) \rho_{Ht} \delta K_t q_{t+1} \left(1 + \dfrac{1}{1 + \sigma_{Lt}} \right) \right] (1 - \mu) \left(p_{it} p_{yt}' \dfrac{\alpha}{\beta} + 1 \right) > 0$。

因此，要证明

$k_r^* - k_2^* = \left\{ \lambda \left[2\pi_{Lt}^{r*} \rho_{Lt} \delta K_t q_{t+1} + (1 - \pi_{Lt}^{r*}) r_t \right] - \lambda \rho_{Lt} \delta K_t q_{t+1} \left(1 + \dfrac{1}{1 + \sigma_{Lt}} \right) \right\} (1 - \mu) \left(p_{it} p_{yt}' \dfrac{\alpha}{\beta} + 1 \right) + \left[2(1 - \lambda) \rho_{Ht} \delta K_t q_{t+1} - (1 - \lambda) \rho_{Ht} \delta K_t q_{t+1} \left(1 + \dfrac{1}{1 + \sigma_{Lt}} \right) \right] (1 - \mu) \left(p_{it} p_{yt}' \dfrac{\alpha}{\beta} + 1 \right) > 0$，只需证明 $D = \left\{ \lambda \left[2\pi_{Lt}^{r*} \rho_{Lt} \delta K_t q_{t+1} + (1 - \pi_{Lt}^{r*}) r_t \right] - \lambda \rho_{Lt} \delta K_t q_{t+1} \left(1 + \dfrac{1}{1 + \sigma_{Lt}} \right) \right\} (1 - \mu) \left(p_{it} p_{yt}' \dfrac{\alpha}{\beta} + 1 \right) > 0$ 即可。

由 $D = \left\{ \lambda \left[2\pi_{Lt}^{r*} \rho_{Lt} \delta K_t q_{t+1} + (1 - \pi_{Lt}^{r*}) r_t \right] - \lambda \rho_{Lt} \delta K_t q_{t+1} \left(1 + \dfrac{1}{1 + \sigma_{Lt}} \right) \right\} (1 - $

$\mu)\left(p_{it}p'_{yt}\dfrac{\alpha}{\beta}+1\right)>0$ 进行进一步整理，可得：

$$D = \left\{\lambda\left[\pi_{Lt}^{r^*}\rho_{Lt}\delta K_t q_{t+1} + (1-\pi_{Lt}^{r^*})r_t\right] - \lambda\rho_{Lt}\delta K_t q_{t+1}\right\}(1-\mu)\left(p_{it}p'_{yt}\frac{\alpha}{\beta}+1\right)$$

$$+ \left[\pi_{Lt}^{r^*}\rho_{Lt}\delta K_t q_{t+1} - \lambda\rho_{Lt}\delta K_t q_{t+1}\frac{1}{1+\sigma_{Lt}}\right](1-\mu)\left(p_{it}p'_{yt}\frac{\alpha}{\beta}+1\right)$$

很显然，上式中的 $\left\{\lambda\left[\pi_{Lt}^{r^*}\rho_{Lt}\delta K_t q_{t+1} + (1-\pi_{Lt}^{r^*})r_t\right] - \lambda\rho_{Lt}\delta K_t q_{t+1}\right\}<0$，代表就内部资金而言，在信贷市场选择信贷配给合同 C_{Lt}^r 条件下，低风险借款人投资期望回报率低于在金融初级发展阶段的低风险借款人投资期望回报率；而就外部资金而言，则相应的投资期望回报率关系：$\pi_{Lt}^{r^*}\rho_{Lt}\delta K_t q_{t+1} - \lambda\rho_{Lt}\delta K_t q_{t+1}\dfrac{1}{1+\sigma_{Lt}}$，尚不明朗。

不过，如果将 $D = \left\{\lambda\left[2\pi_{Lt}^{r^*}\rho_{Lt}\delta K_t q_{t+1} + (1-\pi_{Lt}^{r^*})r_t\right] - \lambda\rho_{Lt}\delta K_t q_{t+1}\right.$ $\left.\left(1+\dfrac{1}{1+\sigma_{Lt}}\right)\right\}(1-\mu)\left(p_{it}p'_{yt}\dfrac{\alpha}{\beta}+1\right)$ 变换为 $D = \left\{\lambda\left[2\pi_{Lt}^{r^*} - \left(1+\dfrac{1}{1+\sigma_{Lt}}\right)\right]\right.$ $\left.\rho_{Lt}\delta K_t q_{t+1} + \lambda(1-\pi_{Lt}^{r^*})r_t\right\}(1-\mu)\left(p_{it}p'_{yt}\dfrac{\alpha}{\beta}+1\right)$，那么，由信贷市场选择信贷配给合同 C_{Lt}^r 的充要条件，即 $r^* \equiv \delta K_t q_{t+1}\rho_{Lt}\left(1 - \dfrac{\dfrac{\rho_{Ht}}{\rho_{Lt}}-1}{\left(\dfrac{2+\sigma_{Lt}}{2+2\sigma_{Lt}}\right)\left(\dfrac{\rho_{Ht}}{\rho_{Lt}}-1\right)}\right)>r_t$（由 $\pi_{Lt}^* - \dfrac{1}{1+\sigma_{Lt}}>1-\pi_{Lt}^*$ 推导而来），可知 $2\pi_{Lt}^* > 1 + \dfrac{1}{1+\sigma_{Lt}}$。因此，根据 $2\pi_{Lt}^* > 1 + \dfrac{1}{1+\sigma_{Lt}}$，其他参数和变量均为正，可推导出 $D =$ $\left\{\lambda\left[2\pi_{Lt}^{r^*} - \left(1+\dfrac{1}{1+\sigma_{Lt}}\right)\right]\rho_{Lt}\delta K_t q_{t+1} + \lambda(1-\pi_{Lt}^{r^*})r_t\right\}(1-\mu)\left(p_{it}p'_{yt}\dfrac{\alpha}{\beta}+1\right)>0$。

$$k_r^* - k_2^* = \left\{\lambda\left[2\pi_{Lt}^{r^*}\rho_{Lt}\delta K_t q_{t+1} + (1-\pi_{Lt}^{r^*})r_t\right] - \lambda\rho_{Lt}\delta K_t q_{t+1}\left(1+\frac{1}{1+\sigma_{Lt}}\right)\right\}$$

$$(1 - \mu)\left(p_{it}p'_{yt}\frac{\alpha}{\beta} + 1\right) + \left[2(1-\lambda)\rho_{Ht}\delta K_t q_{t+1} - (1-\lambda)\rho_{Ht}\delta K_t q_{t+1}\left(1 + \frac{1}{1+\sigma_{Lt}}\right)\right]$$

$$(1 - \mu)\left(p_{it}p'_{yt}\frac{\alpha}{\beta} + 1\right) > 0$$

相应得证。

由此可见，在信贷市场选择信贷配给合同 C'_{Lt} 条件下，借款人（企业家）均衡资本积累规模高于在金融初级发展阶段借款人（企业家）均衡资本积累规模。因此，金融发展由初级阶段（此阶段信贷市场已经产生，但尚未生产出借款人风险分类知识 β_H、β_L）上升至高级阶段（此阶段借款人风险分类知识 β_H、β_L 已经生产出来，可用于最优信贷合同的选择），有助于资本积累，$k_r^* > k_2^*$。

因此，通过比较金融不同发展阶段资本积累规模的差异，可以得出金融发展水平越高、资本积累规模越大的结论，即 $k_{s'}^* > k_r^* > k_2^* > k_1^*$，其中 $k_{s'}^*$、k_r^*、k_2^*、k_1^* 分别对应金融高级发展阶段低风险借款人（企业家）不确定性甄别合同 C_{Lt}^s；金融高级发展阶段信贷市场选择信贷配给合同 C'_{Lt}；金融发展初级阶段以及金融自给自足或信贷市场萌芽阶段的借款人（企业家）均衡资本积累规模。

综上所述，通过上面构建的资本品生产不确定性和信贷约束的干中学世代交叠模型，可以得出经济增长和金融发展存在相互决定关系，金融发展与资本积累存在相互决定的关系。一方面，资本积累及其所推动的内生经济增长（决定总资本存量）提供了金融发展的需求激励，成为金融发展的首要推动力。金融发展本质上可视为对资本积累所产生的金融需求的内生供给反应。毕竟如果没有充足的资本积累，金融发展甚至外部融资存在本身既无必要，又因需求激励不足而不可能。另一方面，当资本积累及其所推动的内生经济增长足以支持金融发展时，金融发展水平越高，资本积累规模越大。由此可见，金融发展对经济增长又具有促进作用。

三　阶段性最优金融发展政策①

（一）来自需求面的金融欠发达与动员性货币金融体制

根据前面的分析，金融发展水平主要取决于总资本存量 K_t 以干中学方式推动的内生经济增长。总资本存量 K_t 以干中学方式推动的内生经济增长对金融发展具有决定性影响，其内在经济逻辑可概括为：在其他参数和外生变量都不变的条件下，资本积累所产生的风险项目投资期望回报率 $\rho_{it}\delta K_t q_{t+1}$ 的提高将不仅激励借款人（企业家）参与金融网络、申请并获得贷款，而且在此基础上，产生对借款人风险分类知识生产、优化信贷合同方式的足够需求。当然，信贷市场的运行成本，即获取风险投资项目成功概率的有关信息成本 σ_{it} 对金融发展水平同样产生重要作用，但与有关市场需求相比，仍属于第二性的因素。根据这样的分析思路，并结合总资本存量的初始条件，又可将金融发展水平大致划分为如下 3 个阶段：①金融自给自足或信贷市场萌芽阶段。在此阶

---

① 本书干中学模型无疑存在外部性。如式（2-2）所示，由 $\dfrac{\mathrm{d}Y_t}{\mathrm{d}K_t} = Ah_t^\alpha l_t^\beta \overline{k_t}^{1-\alpha-\beta} > 0$、$\dfrac{\mathrm{d}Y_t^2}{\mathrm{d}^2 K_t} = 0$、消费品生产其他投入要素报酬递减可知，经济内生增长的源泉来自于总资本存量 K_t 的提高。又如式（2-3）所示，研发努力 h_{it} 与研发产出 k_{it} 间存在随机线性关系，即 $\dfrac{\mathrm{d}k_{it}}{\mathrm{d}h_{it}} = \rho_{it}\delta K_t$、$\dfrac{\mathrm{d}^2 k_{it}}{\mathrm{d}h_{it}^2} = 0$。由于总存量 K_t 所代表的知识资本是作为非竞争性投入要素进入资本品 i 的生产函数，兼之 $K_{t+1} = \displaystyle\int_0^1 \rho_{it}\delta h_{it} K_t \mathrm{d}\rho_{it}$，在整个经济中并不存在总体的不确定性，在人力资本总量不变条件下，人力资本的研发生产率不变，从而产生内生经济增长。总资本作为非竞争性投入要素进入资本品生产，势必也会产生新的动态效率损失。毕竟单个企业资本品生产并不考虑其对总资本存量的贡献，可能导致资本品生产的投入不足。为了便于集中分析经济增长和金融发展阶段对金融发展政策选择的影响，我们首先假定干中学的经济增长中的动态效率损失也通过某种政策得到弥补。

段中，由于资本积累水平低下，借款人（企业家）i 选择参与金融网络、申请并获得贷款具有不确定性和不稳定性。②信贷市场确定性产生，但尚未生产出借款人风险分类知识 β_H、β_L 阶段。③信贷市场确定性产生，同时能够生产出借款人风险分类知识 β_H、β_L，并进行信贷市场合同优化阶段。

由此可见，金融欠发达既可能源于需求面因素，即资本积累水平偏低形成的金融发展需求约束瓶颈，又可能源于供给面因素，即贷款人（金融中介）生产借款人（企业家）风险分类知识的信息成本过于昂贵，或两者兼而有之。金融欠发达的低效率是显而易见的。此时，即使能够根据借款人（企业家）风险分类知识，开出借款人（企业家）差别化利率的信贷分离均衡（Separating Equilibrium）合同，也要么可能无法覆盖所有的合格借款人（企业家），要么可能运行成本过于昂贵。很显然，弥补这两种金融欠发达的低效率，相应的金融制度安排是不同的。对付第一种低效率，必须采用动员性货币金融体制，跨越金融发展阶段约束，实现信贷超前供给，加速经济增长和金融发展。所谓动员性货币金融体制，其机制可概括为：由国家提供金融中介免于破产的隐性担保、信贷利率管制以及信贷利率补贴相配合复制低利率信贷集中性均衡（Pooling Equilibrium）。根据前面的分析，金融中介免于破产的国家隐性担保，实质是对存贷差的担保，保证了银行信贷扩张的赢利能力，实现补充资本金的目的。对付第二种低效率，可以在保留信贷分离均衡基础上，只对信息生产进行必要补贴即可。具体政策就是金融约束理论提出的设置金融市场准入条件和相应的租金，激励金融中介进行具有经济外部性的信息生产。

（二）动员性货币金融体制运行机制

现在来讨论动员性货币金融体制的运行机制。在信贷集中性均衡中，所有借款人（企业家）面临项目非破产条件下相同的贷款利率 $r_{it} = \bar{r}_t$，$\forall i$。贷款人

（金融中介）的期望回报率则是 $R_t = \overline{r_t} \overline{\rho_t} A$，其中，$\overline{\rho_t}$ 为所有 t 期寻求外部融资的企业家期望（平均）成功概率。很显然，在信贷集中性均衡中，信贷市场势必存在逆选择问题，使得高风险借款人（企业家）不断进入信贷市场，降低借款人（企业家）平均质量，即 $\overline{\rho_t}$ 下降。在完全竞争信贷市场中，受制于资产市场均衡无套利条件，$r_t = R_t$，信贷集中性均衡势必造成借款人（企业家）支付利率 $\overline{r_t}$ 上升，低风险借款人（企业家）退出，直至信贷市场崩溃。不过，如果得到对金融中介免于破产的国家隐性担保支持，贷款人（金融中介）可以放松资产市场均衡无套利条件约束，使得即使存在逆选择问题，仍能保持借款人（企业家）低利率，$\overline{r_t}$（低于市场利率 r_t）支付和信贷市场存在。很显然，在低利率信贷集中性均衡中，首先，由于不同风险的借款人（企业家）支付相同利率激励了高风险借款人（企业家）的市场进入；其次，基准利率的压低，使得 $\overline{r_t} < r_t$，同样保证了低风险借款人（企业家）的市场进入。换言之，在这一均衡中，相当于政府以补贴方式提高风险投资项目成功概率，实现信贷超前供给，扶持经济增长和金融发展，弥补了金融欠发达的低效率。

同样重要的是，干中学的经济增长还提供了与动员性货币金融体制最为匹配的增长机制，保证了动员性货币金融体制的运行效果。干中学的经济增长主要通过两个途径缓和集中性信贷均衡的逆选择问题。首先，干中学的经济增长在产品市场结构上倾向于竞争性，这就为严格执行市场纪律、培育相应的借款人（企业家）声誉机制、缓和逆选择问题提供了可能。通过引入资本品生产的外部冲击，分析风险投资项目成功概率分布的演变，我们可以较为清楚地揭示这一点。在模型中，资本品生产 k_{it} 实际值在 $t+1$ 期期初展示出来。假如 k_{it+1} 实际值为 0，这有两种可能，其一，该项目在事前就是不合格投资项目，只不过其质量在事后得到显示；其二，该项目在事前是合格投资项目，只不过由于遭遇负面的资本品生产冲击，在事后变成无效率。很显然，在政府主导型金融体制中，无法有效实现风险投资项目融资成本事前的差别化定价，严格执行市场纪律，即 k_{it+1} 实际值显示为 0，一律将其视为不合格投资项目，予以及时清算，将很难避免错杀现象。不过，竞争性产品市场所蕴涵的巨大投资项目数量有效降低了错杀成本，发挥了投资项目质量事后信号显示功能，还可能在此基础上培育出有效的借款人（企业家）声誉机制，改善资本配置。其次，干中学的经济增长意味着在产业技术上资本密集程度较低，在产业组织上以中小企业为主，这两者均有助于控制投资项目信贷规模。投资项目信贷规模的控制将起到类似信贷配给的作用，有助于缓和逆选择问题，这一点与主流的信息经济学文献是一致的。很显然，与干中学的经济增长相适应的竞争性产品市场和相对较低的投资项目信贷规模，对集中性信贷均衡的逆选择问题有效缓和可降低政府信贷市场维持成本。

（三）动员性货币金融体制的隐性税收

由于动员性货币金融体制实质上是一种低利率集中性信贷均衡，这就可能使国家隐性担保下的信贷扩张产生隐性税收，损害消费（储蓄）者福利。要严格论证国家隐性担保下的信贷扩张产生隐性税收的可能性，需要对本书提出的模型进行必要的改造。

（1）将式（2-1）所示的效用函数 $U_i^t(C_{it}^t, C_{it+1}^t) = C_{it+1}^t$ 改造为如式（2-22）所示的效用函数。

$$U_i^t = \frac{(C_{it}^t)^{1-\theta}}{1-\theta} + \frac{1}{1+\rho} \frac{(C_{it+1}^t)^{1-\theta}}{1-\theta} \, , \theta > 0 \, , \rho > -1 \qquad (2-22)$$

其中，$\theta = -CU''(C)/U'(C)$ ，是相对风险回避系数，也是跨期消费替代弹性 $(1/\theta)$ 的倒数，ρ 是时间贴现率，$\rho > -1$ 保证了第 2 期消费权数为正，即要保证第 1 期储蓄为正。

很显然，式（2-1）不过是式（2-22）所示效用函数在第 1 期消费不产生价值，θ 接近于 0，$\rho = 0$ 条件下的特例。由于式（2-22）效用函数中的第 1 期消费产生价值（即第 1 期消费为正），且时间贴现率 $\rho > -1$ 保证了第 2 期消费权数为正，只有运用式（2-22）效用函数，才能考虑对包括存款在内的金融资产利率征税对储蓄和跨期消费的影响。

（2）在式（2-5）所示的消费者资产投资组合决策的预算约束条件 $a_{it} + x_{it} + b_{it} \leqslant \mu p_{it} \omega_{lt} + (1 - \mu) \omega_{ht}$ 中，引入货币资产 m_{it} 投资和跨期消费替代因素，得到消费者新的资产投资组合决策的预算约束条件①。

$$a_{it} + m_{it} + x_{it} + b_{it} \leqslant S_{it} \qquad (2-23)$$

如式（2-23）所示，假定消费者 i 具有企业家才能，通过向其他年轻人借入 y_{it} 单位的消费品，年轻人 i 的资产投资组合可扩展为 a_{it} 单位的消费品储存，以消费品数量计量的货币持有，投资于自己运营的风险项目的 $x_{it} + y_{it}$ 单位消费品，向他人运营的风险投资项目贷款 b_{it} 单位消费品。

此外，为了便于分析由信贷扩张征收隐性税收的经济影响和保持模型的完整性，还需假定政府预算通过货币发行和金融资产利率征税筹集，并全部转移支付给年轻一代的消费者。更为重要的是，需要在消费品和资本品生产函数投入中引入货币资产。只有这样，才能为信贷扩张过程式（2-24）所示的信贷扩张过程找到最优化基础。

$$S_t + \Delta M_{st} + \Delta F_t \equiv GI_t - D_t \equiv I_t \qquad (2-24)$$

其中，S_t 为居民和企业的储蓄；ΔM_{st} 为净货币供给增加或货币创造；ΔF_t 为

---

① 由于式（2-22）所示的效用函数中第 1 期消费为正，且时间贴现率 $\rho > -1$ 保证了第 2 期消费权数为正，消费者新的资产投资组合决策的预算约束条件：$a_{it} + m_{it} + x_{it} + b_{it} \leqslant S_{it}$ 右端，即投资最大规模就只能是第 1 期储蓄水平，而非收入水平。

净金融解封，即从金融资产交易过程中流入实体经济活动的净资金，一定程度上可视为金融中介过程的资源节约；GI_t 为居民和企业的总投资；D_t 为折旧留存；I_t 为净投资。

如式（2-23）所示，可用于 t 时期总的新投资 I_t 的支出的银行（金融中介）可贷资金无非来源于：实体经济部门，如居民和企业的储蓄 S_t；净货币供给增加或货币创造 ΔM_{st}；净金融解封 ΔF_t 等。由于本书的研究重点是信贷扩张，即实际投资的信贷支持，我们将净金融解封 ΔF_t 视为制约信贷扩张能力的外生因素不予考虑。由此可见，银行（金融中介）贷款投放和信贷扩张的资金来源于实体经济部门的储蓄 S_t，或在中央银行（基础）货币供给增加支持下银行（金融中介）贷款投放自身创造出来的资金，即 ΔM_{st}（借助贷款创造存款过程）。从纯粹的技术角度考察，银行（金融中介）贷款投放自身创造出来的资金，即 ΔM_{st} 之所以能够成为独立的可贷资金来源，得益于货币交易媒介的性质。很显然，获得货币资金贷款的借款人（企业家）只关心货币资金能否作为交易媒介使用，并不在意其是来自实体经济部门储蓄 S_t，还是银行（金融中介）贷款投放自身创造出来的资金，即 ΔM_{st}。

然而，货币交易媒介的性质只是保证了银行（金融中介）贷款投放和信贷扩张的技术可行性，而要使其具备经济可行性，还必须具备信贷扩张过程的最优化基础。信贷扩张过程的最优化基础可概括为：

消费者可以持有货币的方式进行投资，其期望投资回报率为 $\dfrac{P^e_{t+1}}{P_t}$，其中，P^e_{t+1} 为货币在 $t+1$ 期以消费品数量衡量的货币预期购买力（即 $t+1$ 期预期价格价格指数的倒数），P_t 为货币在 t 期以消费品数量衡量的货币购买力。根据资产无套利条件，持有货币的期望投资回报率 $\dfrac{P^e_{t+1}}{P_t}$ 应与安全资产投资回报率，即消费品储存回报率 r_t 相等。

在不考虑持有货币交易便利性条件下，持有货币的投资方式之所以是合意的，关键在于可以通过从经济（技术）先行国引进较为成熟的标准化产业技术，获得高效的经济内生增长源泉①。那么，借助货币作为要素投入进入生产函数，银行（金融中介）贷款投放和信贷扩张自身创造出来的资金增加完全可以发挥同实体经济部门的储蓄水平一样的功能，增加可用于风险投资项目的可贷资金，加速经济增长。换言之，银行（金融中介）贷款投放和信贷扩张自身创造出来的可贷资金由于扶持了更多的风险投资项目，加速了经济增长，可能使得风险项目投资当期消费品价格上升，下一期消费品价格下降（即投资以及消费品生产完成后的时期），消费者以持有货币方式进行投资，延期消费也就具有了合意性。

由于这种方式形成的延期消费和储蓄（用 ΔM_{st} 表示）并非出于消费者自身的跨期消费最优化选择，而取决于银行（金融中介）贷款投放和信贷扩张行为，实质为银行（金融中介）行为；在信贷扩张的文献中，又被称为强制储蓄，与以消费者最优化选择为基础的实体经济部门意愿储蓄 S_t 相对应。

很显然，国家隐性担保下的信贷扩张由于会压低利率，势必产生隐性税收效应，损害消费者（储蓄者）福利。不过，与突破低收入贫困陷阱、实现经济起飞、亟须国家隐性担保下的信贷扩张动员储蓄相比，这样的福利损失无疑是后起经济体不得不付出的代价。因此，从这个意义上看，选择动员性货币金融体制仍可被视为一种阶段性最优的金融发展政策。

---

① 〔美〕卡尔·E. 瓦什：《货币理论与政策》，陈雨露等译，中国人民大学出版社，2001，第 26~68 页。

综上所述，选择动员性货币金融体制作为一种阶段性最优的金融发展政策，其有效运行需要具备两个条件：①选择动员性货币金融体制的目的在于突破金融发展的需求约束瓶颈，即低收入贫困陷阱，在模型中就体现为初始总资本存量不高于最高风险合格借款人（企业家）选择参与金融网络、申请并获得贷款的临界总资本存量规模 K_0^*。此时，即使能够生产出借款人（企业家）风险分类知识，但可能由于市场化的金融体制（本质上为信贷分离均衡）无法保证囊括所有的合格借款人，需要政府干预，激励金融中介（银行）信贷扩张，特别需要强调的是选择动员性货币金融体制尽管属于金融发展的"供给导向"政策，但却是由金融发展的需求约束瓶颈诱发的，体现了其与"需求导向"的金融发展间的互补性，这显然是对 Patrick（1966）金融发展两分法的一种扬弃[1]。②动员性货币金融体制只有在干中学的经济增长中运行效果才会更佳。干中学的经济增长提供了与动员性货币金融体制最为匹配的增长机制，有助于从发挥竞争性产品市场投资项目质量事后信号显示功能、培育借款人（企业家）声誉机制以及控制投资项目信贷规模等方面缓和信贷集中性均衡的逆选择问题，改善资本配置。很显然，一旦突破经济增长和金融发展的低收入贫困陷阱，实现经济起飞的历史任务已经完成，继续坚持动员性货币金融体制就成了次优政策，需适时进行市场化转型。毕竟，此时信贷分离均衡同样能够动员储蓄，支持干中学的经济增长；而一旦干中学的经济增长阶段结束，动员性货币金融体制能否坚持下去都成了疑问。

---

[1] Patrick H. T, "Financial Development and Economic Growth in Underdeveloped Countries", *Economic Development and Cultural Change* 14（2）, 1966, pp. 174 – 189.

第三章 经济高增长中的信贷扩张与货币金融扭曲：国际比较和中国经验

本章将运用在第二章构建的模型，对政府干预金融发展进行简要的国际比较，并重点分析来自中国的动员性货币金融体制的发展经验。在此过程中，我们可以清楚地发现低收入贫困陷阱对后起经济体在经济起飞时期选择动员性货币金融体制的决定性影响，并可以由此进一步揭示保证其良好运行的条件、市场化转型时机和技术路径。

一　政府扶持金融发展的简要国际比较

鉴于需实现出生率与死亡率由高到低的人口转型的经济发展任务，所有经济体在经济起飞初期通常都具有资本积累不足和金融欠发达的双重特征，通过政府干预扶持经济增长和金融发展本身不足为奇。不过，转入现代经济增长初始条件的差异，特别是实现经济起飞时间的先后使得所选择的干预方式大相径庭。因此，对政府干预金融发展进行简要的比较研究，有助于我们进一步理解动员性货币金融体制有效运行的经济增长和金融发展环境。

（一）先行经济体金融发展中的政府干预

如表 3 - 1 所示，一般认为，先行经济体经历了 5 次技术革命，并发展出相应的金融体制（佩蕾丝，2002；西拉、蒂利、托特拉，2002）[1][2]。在英国的产业革命中，正如兰德斯（2007）所指出的那样，棉纺工业的机械化并不需要大量的固定资本费用，以至家庭融资和在对外贸易中的积累就能够实现机械化[3]。在第二次技术革命中，单个企业极少能够负担得起铁路建设所需的大量资本，股份公司的发展起到了集中资本和分散风险的作用。不过，当时股票市场仍然不够发达，主要通过个人促销者担负承销之责。只是到了第三次技术革命，特别是当产业转为重工业（包括煤炭、钢铁生产、电气和通用工程、重化工业等），并且像基础设施一样渴求资本的时候，投资银行和外部资本市场（主要指发达的二级证券市场）才成为金融组织的核心。在此过程中，还出现了以英美为代表的"市场导向"的金融体制和以欧洲大陆为代表的"银行导向"的金融体制。格申克龙（2009）认为，欧洲的全能银行（Universal Bank）体制起源于法国拿破仑三世时期佩雷尔兄弟（the Brothers Pereire）的动产抵押银行，其职能就是为长期投资提供融资[4]。这种新型的投资银行组织方式后来

① 〔委〕卡罗塔·佩蕾丝：《技术革命与金融资本——泡沫与黄金时代的动力学》，田方萌等译，中国人民大学出版社，2002，第16页。
② 〔美〕西拉、〔德〕蒂利、〔德〕托特拉编《国家、金融体制与经济现代化》，吕刚译，四川人民出版社，2002，第1~28页。
③ 〔英〕大卫·兰德斯：《解除束缚的普罗米修斯》，谢怀筑译，华夏出版社，2007，第2版，第77~79页。
④ 〔美〕亚历山大·格申克龙：《经济落后的历史透视》，张凤林译，商务印书馆，2009，第15~20页。

表 3 - 1　先行经济体经历的技术革命和主要金融组织方式

（18 世纪 70 年代到 21 世纪的最初 10 年）*

技术革命	该时期的通行名称	核心国家	诱发技术革命的大爆炸	年份	主要金融组织方式
第一次	产业革命	英国	阿克莱特在克隆福德设厂	1771	企业内部融资和私人贷款
第二次	蒸汽和铁路时代	英国（扩散到欧洲大陆和美国）	蒸汽动力机车"火箭号"在利物浦到曼彻斯特的铁路上试验成功	1829	商业银行和内部资本市场
第三次	钢铁、电力、重工业时代	美国和德国追赶并超越英国	卡内基酸性转炉钢厂在宾夕法尼亚的匹茨堡开工	1875	投资银行和外部资本市场
第四次	石油、汽车和大规模生产的时代	美国（起初与德国竞争世界领导地位），后扩散到欧洲	第一辆 T 型车从密歇根州底特律的福特工厂生产	1908	投资银行和外部资本市场
第五次	信息和远程通讯时代	美国（扩散到欧洲和亚洲）	在加利福尼亚的圣克拉拉，英特尔的微处理器宣告问世	1971	风险投资

　　本表根据卡罗塔·佩蕾丝：《技术革命与金融资本——泡沫与黄金时代的动力学》中译本第 16 页表格修改而成，中国人民大学出版社，2002。主要金融组织方式概括的创意来自于西拉、蒂利、托特拉编《国家、金融体制与经济现代化》中译本第 1 章，四川人民出版社，2002。

扩散到比利时和德国，彻底改变了 19 世纪后半叶以后欧洲大陆银行业的历史。在当时先进的工业国家（英格兰）中，这种动产抵押信贷型银行与商业银行职能是相分离的，其长期投融资通过外部资本市场进行。而德国的全能银行却成功地将动产抵押信贷银行的基本理念与商业银行的短期业务活动即投资银行和商业银行职能结合起来。同样重要的是，并非只有私人资本在资本积累和经济增长中发挥积极作用。比利时政府在 19 世纪 40 年代、德国政府在 19 世纪 70 年代到 90 年代均为各自的产业赶超提供了资金。而在美国，有 40% 的铁路融资由州政府提供。事实上，大多数欧洲国家和美国在赶超时期的不同领域都得到了政府的有力支持，特别是在获取现代化机械体现的技术、技术人才的移民以及技术教育培训领域，而且在实行果断的保护主义政策方面也是如此。不过，对美国和现有的欧洲发达国家而言，在其经济增长和金融发展过程中，仍主要依靠市场化金融体制配置资本，政府干预主要体现在对长期投融资的补贴上，目的可能在于补贴具有外部性的投资或信息生产，更多带有金融约束政策的性质。很显然，并不属于本书所提出的动员性货币金融体制的范畴。

（二）后起经济体动员性货币金融体制的实践

与上述先行经济体不同，在第二次世界大战以后，东亚和拉美的后起经济体均选择了干预色彩更浓的动员性货币金融体制，促进经济增长和金融发展。正如上述分析所指出的那样，动员性货币金融体制具体机制可概括为：由国家提供金融中介免于破产的隐性担保、信贷利率管制和信贷利率补贴相配合复制低利率信贷集中性均衡。以 HPAEs 为例，其在经济起飞时期的货币金融体制就带有明显的动员性特征：

（1）HPAEs 政府金融机构长期占有重要地位并广泛推行指导性信贷政策，标志着存在对金融中介免于破产的国家隐性担保。直到 20 世纪 90 年代初，印度尼西亚、韩国和中国台湾金融总储蓄很大一部分掌握在国有商业银行手中。日本、马来西亚、新加坡政府和中国台湾当局对占总储蓄比重很大的邮政储蓄、公积金及保险金拥有控制权。以日本为例，在财政投资和贷款计划（FILP）下建立起来的金融机构对政府邮政储蓄、国民福利储蓄及国民养老金储蓄进行分配。FILP 在快速增长时期吸收了 20% ~ 40% 的家庭储蓄。此外，由于承诺对陷入困境的金融机构进行援助，日本和韩国还得以对近乎同样比重的贷款进行政策性指导。

（2）HPAEs 严格控制储蓄存贷款利率，并长期压抑债券和股票市场发展则标志着信贷利率管制的存在。1970 ~ 1990 年，所有 HPAEs 均严格控制储蓄存贷款利率。与此同时，日本、韩国、马来西亚、中国台湾和泰国债券平均占公司净筹资的比重不到 10%，股票市场在筹资中同样不起主导作用。

(3) HPAEs 存在信贷利率补贴现象。与大多数其他发展中国家相比，除重化工业时期（1973～1981）的韩国外，尽管所有 HPAEs 对指导性贷款的补贴较低，并保证了实际利率为正，但同样没有达到市场出清的均衡水平，存在信贷利率扭曲。

东亚和拉美后起经济体没有沿用先行经济体的金融发展政策，究其原因，与格申克龙（2009）提出的后发劣势有关[①]。尽管从表面上看，一个经济体起飞越晚，似乎越可以从引进外来技术、充分获得知识外溢效应中获得补偿，然而，其低下的收入水平和严重的资本积累不足将制约经济增长潜力的发挥。在本书的模型中，就体现为资本积累不足造成投资回报率低下和相应的金融发展的需求约束瓶颈，以及金融发展对经济增长的反馈效应。因此，只有引入更高强度的政府干预，才能解决由经济增长潜力巨大和资本积累严重不足引发的后起经济体资源动员和组织的格申克龙难题。这在金融发展上体现为对动员性货币金融体制的选择。动员性货币金融体制最大优点就是能够给所有合格借款人（企业家）提供充分的信贷支持，从而有效动员储蓄，促进资本积累，突破低收入贫困陷阱，实现经济起飞。很显然，一个经济体如果经济起飞的时间越晚，选择动员性货币金融体制的经济理由越充分。这是因为，后起经济体经济起飞越晚，劳动力势必构成其数量超乎想象和最为丰富的资源，与其匮乏的知识和人力资本相比尤其如此。这就越需要增加生产和投资，发挥干中学对生产率的有益影响，加速经济增长。

当然，从理论上讲，后起经济体还可以通过金融服务外包，借助发达经济体市场化的金融中介配置资本，来缓解格申克龙难题和相应的后发劣势。然而，且

---

① 〔美〕亚历山大·格申克龙：《经济落后的历史透视》，张凤林译，商务印书馆，2009，第8～36页。

不说由于民族国家之间的竞争，这一选择在后起经济体特别是发展中大国是否具有可行性，更重要的是这种金融服务外包策略充其量只是在节约信息生产成本的金融发展供给面发挥作用，并不能直接用于突破金融发展的需求约束瓶颈。由此可见，对发达经济体的金融开放并不能完全替代动员性货币金融体制的作用。

不过，东亚后起经济体政府主导型金融体制似乎运行效果更佳，以致可以将其视为由适度金融扭曲带来的金融发展而并非拉美式的金融压抑，并加速企业投资和经济增长。以中、日、韩三国为例，如图3-1、图3-2和图3-3所示，长期以来投资率高达20%~40%。信贷供给和投资与GDP有着较为一致的变动趋势，其变动还对经济增长保持着领先或同步。这种状况直到20世纪90年代以后才有所改变。如图3-2所示，泡沫经济破灭后的日本曾一度试图运用信贷扩张刺激投资和经济增长，但因陷入所谓的"流动性陷阱"而失败。因此，世界银行（1994）将HPAEs的经济增长概括为高储蓄、高投资的快速积累战略，并充分肯定了政府主导型金融体制扩大信贷、加速投资的作用①。

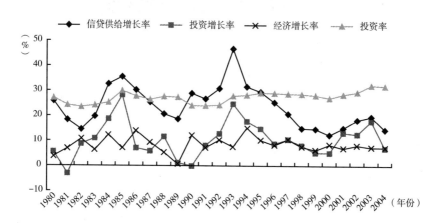

图3-1　中国投资率及信贷供给、投资和经济增长率

---

① 世界银行：《东亚奇迹——经济增长与公共政策》，财政部世界银行业务司译，中国财政经济出版社，1994。

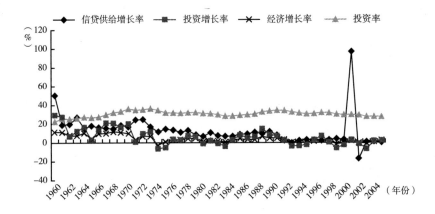

图 3 - 2　日本投资率及信贷供给、投资和经济增长率

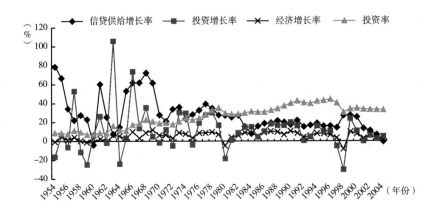

图 3 - 3　韩国投资率及信贷供给、投资和经济增长率

资料来源：投资率及投资和经济增长率根据 NBER 的 PWT6.2 数据库提供的数据计算，信贷供给增长率根据 IFS 的货币和准货币数据计算。

　　东亚后起经济体动员性货币金融体制效果更佳，关键在于这些经济体在经济起飞时选择了出口导向型工业化增长方式，获得有效的信贷扩张风险控制机制，得以充分利用干中学的经济增长源泉。大量的文献证实，出口导向构成 HPAEs 经济发展的重要特征，使其面临广泛的国际产业竞争。正如世界银行（1994）的研究指出的那样，尽管除中国香港外，每个 HPAE 都经历了一个早期的进口替代保护阶段①，但后来通过减少进口管制和关税、强化出口激励等政策做了修正，将大部分现代经济向国际竞争开放，并引入国际价格作为衡量出口产品和用于出口生产的中间和资本产品的经营标准。因此，HPAEs 商品的国内价格比许多其他发展中国家更接近于国际价格。林毅夫、蔡昉、李周（1999）进一步提出，日本和亚洲"四小龙"的出口导向特征系遵循比较优势发展战略的自然结果②。从日本和亚洲"四小龙"的发展经验看，它们在经济发展的每个阶段上，都能够发挥当时资源禀赋的比较优势，而不是脱离比较优势而进行赶超。具体地讲，就是经济增长先从资本密集度低的产业开始，再随着人均收入和资本积累水平提高不断提升产业资本密集度。遵循比较优势发展战略，自然可以充分发挥产业国际竞争力，增加出口和经济的外向型程度。

出口导向型工业化增长方式能够让后起经济体获得有效的信贷扩张风险控制机制，与其所形成的国际经济分工和风险分配格局密切相关。在出口导向型工业化增长方式下，后起经济体的增长动力来自外部技术引进推动的国内要素和资本积累。在这一增长方式下，国际经济分工体现为由发达经济体承担总部经济职能，购买研发、金融、市场营销和商务等多样化中介服务，并由此发展创新制造业，成为全球经济的技术来源和终端消费市场；而类似中国这样的后起经济体则运用引进的标准化技术专业化于最终产品生产和制造，发挥干中学的增长效应。相应的国际经济风险分配格局就是技术创新和市场销售上的不确定性由发达经济体集中承担，类似中国这样的后起经济体经济的不确定性主要

---

① 世界银行：《东亚奇迹——经济增长与公共政策》，财政部世界银行业务司译，中国财政经济出版社，1994。

② 林毅夫、蔡昉、李周：《中国的奇迹：发展战略与经济改革》，三联书店，1999，第 101～136 页。

集中在产品生产上，并可通过干中学带来的学习效应逐步降低。很显然，由于并不承担技术创新和市场销售的风险，反而可以通过干中学降低产品生产风险，如此的国际风险分配格局使得后起经济体经济风险程度相对较低，也为控制国家隐性担保下的信贷扩张风险提供了有利条件。一方面，在出口导向型工业化增长方式下，后起经济体较低的经济风险程度意味着选择投资时机的价值不大，国家隐性担保下的信贷扩张可以在通过银行提前清算控制风险的同时，为迅速投资和生产提供最为便利的融资服务。另一方面，发达经济体借助其具有足够深度和宽度的资本市场，以供给合格储蓄工具方式，集中承担在技术创新和市场销售上更高的风险，并可以为其经常项目赤字融资①。与此相对应，类似中国这样的后起经济体则通过将包括经常项目顺差在内的各种形式的流入资本再投资于发达经济体资本市场，比如美国国债市场，达到转移风险、抑制信贷过度扩张的目的。由此可见，得益于出口导向型工业化形成的风险格局，类似中国这样的后起经济体获得了银行提前清算和流入资本对发达经济体资本市场再投资两大金融风险控制机制。

综上所述，对政府干预金融发展的简要国际比较验证了我们从上一章模型中获得的关于动员性货币金融体制有效运行的相关条件。具体地讲，一个经济体要能够有效运行动员性货币金融体制，必须具备两个条件：①面临低收入贫困陷阱，需动员储蓄，促进资本积累，实现经济起飞。②拥有干中学的经济增长源泉，并能够选择出口导向型工业化作为经济增长方式，从而有效控制国家隐性担保下的信贷扩张风险。考虑到所有经济体在经济起飞初期通常都具有资

---

① 发达经济体借助其具有足够深度和宽度的资本市场，以供给合格储蓄工具方式，集中处理在技术创新和市场销售上更高的风险，并不需要其产生经常项目赤字为前提条件，完全可以通过吸收短期资本、放出长期资本的方式获得平衡。因此，美国为其贸易赤字融资仅是个特例。

本积累不足和金融欠发达的双重特征，满足第一个条件并不难，保证动员性货币金融体制有效运行的第二个条件就显得更加重要。事实上，正是因为发达的先行经济体已经具备了足够深度和宽度的资本市场，可用于聚集和处理在技术创新和市场销售上更高的风险，后起经济体才能获得有利的国际经济风险分配格局以及相应的信贷扩张风险控制机制，实现风险转移。相反，先行经济体在进入现代经济增长以前，尽管也具有资本积累不足和金融欠发达的双重特征，需要进行储蓄动员，但却由于必须自行处理在产品生产、技术创新和市场销售上的所有不确定性，无法有效转移风险，不能通过选择动员性货币金融体制达到同样的经济增长和金融发展效果。因此，只有对后起经济体而言，动员性货币金融体制才可能成为最优金融发展政策。不过，这也只有在后起经济体选择出口导向型工业化增长方式、充分利用干中学的经济增长源泉时，才能真正转变为现实。

二　来自中国的动员性货币金融体制发展经验

作为东亚后起经济体的一员，中国在改革开放之初选择动员性货币金融体制的经济理由更加充分。直到 20 世纪 90 年代初，中国人均 GDP 也只有 400 美元左右，仍处于世界后列。截至 20 世纪 90 年代末，12 亿人口仍有 9 亿人生活在农村。由此可见，一方面，中国在改革开放初期所面临的突破低收入贫困陷阱，实现经济起飞任务比上述其他后起经济体都要艰巨。另一方面，劳动力无疑成为当时最丰富的资源，由中国巨大人口规模形成的干中学的经济增长潜力同样更加突出。正是为了应对如此严峻的资源动员和组织的格申克龙难题以及相应的后发劣势，中国同其他东亚后起经济体一样很自然地选择了动员性货币金融体制，并同出口导向型工业化增长方式相结合，成就了所谓的中国经济增长奇迹。

　　通过探讨改革开放前后经济增长绩效差异成因，可以更加清楚地揭示中国选择动员性货币金融体制的重大意义。1953 年以来，中国经济增长始终保持着投资推动型特征，但在经济增长绩效上却差异明显。如图 3 - 4 所示，1953年以来，中国不仅始终保持着高投资率，而且投资推动型经济增长特征十分明显。不过，在改革开放前，中国投资和经济增长波动偏大，整体的经济增长速度并不快。1961～1963 年、1967～1969 年均出现严重的经济负增长，20 世纪 70 年代经济增长速度还出现明显下滑。20 世纪 80 年代，尽管投资增长率平均高达30%（此前除极个别年份，投资增长率多保持在20% 左右），但经济增长波动和速度显著改善。如图 3 - 5 所示，到了 20 世纪 90 年代以后，高增长的稳定性进一步提高，并突出表现在改革开放后一度困扰中国经济运行的通货膨胀（个别年份通胀率高达两位数）得到较为有效控制。尽管同样属于投资推动型经济增长，但中国改革开放前后固定资产投融资体制以及相应的储蓄动员和资本配置方式却发生了根本性变化。正是这一点在改变经济增长绩效方面发挥了至关重要的作用。

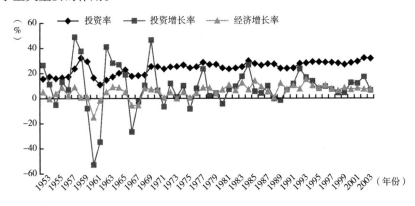

图 3 - 4　中国 1953 年以来的经济增长和投资率

资料来源：美国 NBER 的 PWT6.0。

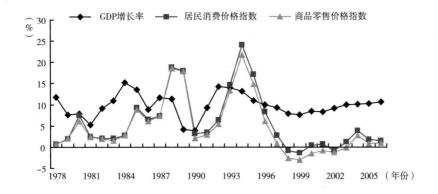

图 3 - 5　中国改革开放以来货币供给、经济增长和通货膨胀

资料来源：中国国家统计局网站。

（一）中国计划经济时期的储蓄动员和经济增长

计划经济投融资体制可以通过如式（3 - 1）所示的资金流量恒等式进行剖析：

$$I \equiv S + \triangle Ms \qquad (3 - 1)$$

其中，I 代表企业固定资产投资，S 代表国民储蓄，$\triangle Ms$ 代表货币供给增加。在计划经济中，企业原则上不拥有投资决策权，其投资活动主要由社会计划部门的投资计划负责统一安排。同时，在计划经济中，储蓄同样高度集中。高度集中的价格体制和工资体制相结合，系统压低生产要素价格（低于市场均衡价格）和相应的居民可支配收入。①运用高度集中的价格管理体制，人为压低农产品以及原材料和能源等物资的价格，降低该类产业劳动报酬水平。②以产品价格被压低的产业劳动报酬水平为基准，运用统一的工资管理制度，同样压低获得廉价投入品和超额利润的产业劳动报酬水平。可以说，在计划经济中，居民可支配收入水平基本上仅够满足当期的消费支出，使得居民家庭储蓄几乎可以忽略不计。此外，对外经济联系微弱，国外部门的储蓄（即国际收支逆差）也可视为零。中国国民储蓄就成了政府储蓄，即财政预算盈余。由此可见，在计划经济中，政府成为近乎唯一的储蓄和投资主体。

在计划经济中，为了同政府成为近乎唯一的储蓄和投资主体相适应，还构筑了被称为财政、信贷资金分口管理体制和以存贷分离为核心内容的大一统的银行体系的投融资体制。所谓财政、信贷资金分口管理体制，指财政部门以财政拨款方式满足企业固定资产投资资金和定额流动资金需要。高度集中的金融体系则仅限于以银行信贷方式满足企业临时性和季节性超定额流动资金需要。此外，由于流动资金定额确定的困难，为了防止财政部门向银行转嫁流动资金供给任务，又实行了大一统的银行体系。其核心内容为存贷分离，即总行掌握全部的信贷决策权，其分支机构只有吸收存款而没有单独发放贷款的权利，且分支机构所吸收的存款还不能直接用于发放贷款，必须上缴总行。分支机构贷款规模则由总行下达的信贷额度确定。如式（3-1）所示，一方面，在计划经济中，银行体系丧失了通过信贷扩张将实体经济部门储蓄 S 转化为投资 I 直接参与固定资产投资的渠道。另一方面，银行信贷扩张通过增加货币供给（$\triangle Ms$）间接提供固定资产投资可贷资金方式也因计划经济体制财政信贷综合平衡的宏观调控规则而受到很大限制。从表面上看，由于经济增长所需的实际货币余额很难通过通货紧缩方式来获得满足，银行信贷扩张仍然承担着按照资本积累和经济增长需要增加名义货币供给的功能，银行体系似乎也由此保留了间接参与固定资产投资活动的可能①。不过，在计划经济中，由增加货币供给形成的可贷资金一直被视为影响经济稳定的重要扰动因素，并引起财政信贷综合平衡的宏观调控

---

① 经济增长所需的实际货币余额之所以很难通过通货紧缩方式得到满足，其关键在于货币作为交换媒介，代表着对资源的自由支配权。如果投资具有不可逆性，通货紧缩会激励经济人过多地持有名义货币。这意味着经济不确定性上升，将阻碍经济增长。

规则的高度关注。葛致达（1963）认为，财政、信贷和物资综合平衡首先必须实现财政、信贷各自内部平衡①。其次，财政资金和信贷资金要相互结合统一平衡。每年安排财政预算的时候，除了增拨流动资金外，还要考虑信贷收支的差额，增拨信贷资金。信贷收支差额既可能来自企业定额流动资金财政预算拨付不足，又可能来自货币供给增加满足不了经济增长需要。林继肯（1981）进一步分析了企业定额流动资金拨付不足的成因、后果及其治理对策②。在计划经济时期，流动资金没有核实拨足，特别是基本建设规模安排过大，导致流动资金被挪用，一方面，还会造成财政开支超出预算计划；另一方面，可能妨碍投资项目及时形成生产能力，导致企业经济效益下降，财政虚收。因此，"基建挤财政，财政挤银行，银行发票子"造成货币的财政发行，还是形成财政假平衡、真赤字的原因之一。为了抑制货币的财政发行，在中国计划经济时期，货币发行遵循1∶8的经验值，即每增加8元人民币现金交易额，需增加1元人民币发行进行周转。由此可见，在计划经济中，除了不能直接参与固定资产投资活动，银行信贷扩张通过增加货币供给的间接参与也受到很大限制，这就造成银行体系在很大程度上被排除在固定资产投资领域之外，失去了动员储蓄的激励。

在计划经济时期，银行信贷扩张之所以被视为经济稳定的扰动因素在原则上被排除在固定资产投资活动之外，是因为通过高度集中的价格、工资、金融体制系统压低包括工资、利率等在内的所有生产要素报酬，已经可以将储蓄率提高到理论上的极限水平，并不再需要通过银行信贷扩张方式进一步动员储蓄。然而，这种能够将资本积累率达到极致的储蓄动员机制所带来的经济增长绩效却差强人意，不仅增长速度并不突出，而且还会加剧经济波动。究

---

① 葛致达：《财政、信贷与物资的综合平衡问题》，《经济研究》1963年第10期。
② 林继肯：《坚持货币的经济发行》，《经济研究》1981年第1期。

其原因，除了当时实行的是封闭经济，无法选择出口导向型工业化增长方式，实现必要的经济风险转移之外，更重要的是当时的计划经济体制严格限制市场竞争机制的作用，严重扭曲价格，以致阻碍投资项目质量信号的及时显示，兼之银行信贷扩张又在原则上被排除在固定资产投资活动之外，这就造成不可能通过银行提前清算来控制投资项目的金融风险。由此可见，在计划经济时期，几乎没有任何有效的金融风险（事前）控制机制可言，只能被迫进行事后的宏观经济调整。这势必恶化资本配置效率，降低资本边际产出，并引发经济波动。

（二）中国动员性货币金融体制的形成和经济增长绩效的改进

随着市场化改革的不断推进，主要受国民收入分配格局变化的影响，早在1981年以后，中国储蓄和投资结构就已发生深刻变化。在这场变革中，政府部门储蓄长期以来不敷自身支出所用，企业部门在留成利润中扣除再分配给职工的一部分收入之后，其储蓄也满足不了自身投资的要求。于是，储蓄和投资的缺口只能靠家庭部门的储蓄来填补。很显然，储蓄－投资差异日益扩大需要深化企业投融资体制改革，使得金融（中介）在储蓄－投资过程中成为储蓄者与投资者不可缺少的"媒人"，这就为银行信贷扩张重新参与固定资产投资活动直至最终形成动员性货币金融体制打开了方便之门。

1. 中国动员性货币金融体制的形成

概括起来，中国动员性货币金融体制的形成主要包括三方面内容：

（1）中央银行－商业银行二级银行体系的完善。构筑中央银行－国有商业银行二级银行体系主要经历了两轮改革：

一是20世纪80年代，经过银行信贷制度（以恢复银行企业固定资产投资贷款职能为核心内容）和建立中央银行制度，特别是实贷实存的信贷资金管理体制改革，中国中央银行－国有专业银行二级银行体系得以建立。以构筑中央银行－国有专业银行二级银行体系为重点的第一轮金融改革对初步形成动员性货币金融体制具有深远影响。这一轮金融改革不仅打破了财政、信贷资金分口管理体制的桎梏，使得国有专业银行成为全额流动资金和固定资产投资贷款主体，而且为了配合对存贷利差的国家隐性担保复制低利率信贷集中性均衡，还分别实行了严格限制利率种类的利率管制和信贷利率补贴。

　　二是进入 20 世纪 90 年代以后，中国开始了以构筑中央银行－国有商业银行二级银行体系为重点的第二轮金融改革，国有银行商业化和相应的金融监管改革则是重中之重。与国有银行商业化改革有关的措施包括：①组建政策性银行，促进国有银行政策性业务和商业性业务分离，特别是组建金融资产管理公司专业化处置国有银行既有不良信贷资产，不仅能够促进金融风险的化解，而且有利于合理考核商业化改革后的国有银行经营绩效。②通过推动国有商行内部的统一法人管理改革，以及成立中共中央金融工委和金融机构系统党委，改变了我国国有商行名义上一直是一级法人，但受以省为单位的金融管理体制影响，其分行实际以法人资格进行经营管理的原有格局。这不仅有利于国有商行经营绩效的合理考核，而且能够减轻各部门和各级地方政府对国有商行分支机构的过度干预，促进国有商行政企分开。③从以国有独资公司方式初步完成产权制度改革开始，历经股份制改造和发行上市的国有商行产权和治理结构改革取得阶段性成果。④引入一定程度的信贷市场竞争。与国有商业银行有关的金融监管改革则包括形成金融分业监管体系和金融机构市场退出机制，并根据国际规范对商业性银行实施资产负债比例管理和资产风险管理，全面推行贷款质量"五级分类"制度等内容。

　　很显然，商业化改革激励了国有银行追求赢利的动机，相应的金融监管改革则促进了国有银行的审慎经营，使其更加关注借款人（企业家）的逆选择行为，并具有了实施严格的市场纪律的可能。这两者相结合使得国有商行从原来偏重于对企业投资提供充分信贷支持、承担过多的政策性银行业务，转而强调其与稳定信贷质量、控制信贷风险的平衡。

20 世纪 90 年代以来，中央银行宏观调控改革同样取得长足进步。主要包括两方面内容：一是中国从 1993 年开始围绕提高中央银行独立性展开一系列金融体制改革，其中确立"保持货币的稳定，并以此促进经济发展"的货币政策目标和禁止以向中央银行透支方式弥补财政赤字，提高了中央银行对中央政府的独立性，中央银行宏观调控体系从多层调控转化为强调调控权集中则提高了中央银行对地方政府的独立性。二是 1993 年还改革了利润留成的财务制度，有助于消除中央银行赢利动机，促使中央银行更加专业化于宏观调控。很显然，上述一系列中央银行宏观调控改革具有深远影响。其中，提高中央银行独立性的改革有助于改善宏观调控效率，建立消除中央银行赢利动机的财务制度则促进人民银行更加专业化于宏观调控，两者相结合使得中央银行终于摆脱原有的批发银行色彩，成为真正意义上的国家宏观经济调控部门。由此可见，通过推进国有银行商业化和相应的金融监管改革以及中央银行宏观调控改革，中国的中央银行－国有商行二级银行体系得以形成，进一步提高动员性货币金融体制的效率。

（2）在控制中发展的资本市场。由中央银行－商业银行二级银行体系为核心的动员性货币金融体制，特别是存贷利率管制在相当程度上压抑了中国资本市场的发展。为了同银行利率管制相适应，债券市场特别是企业债市场发展更加严重滞后。为了规范企业债的发行，中国建立了企业债多头监管体制。1987 年 3 月，国务院颁布了《企业债券管理暂行条例》，规定企业债的发行须经中国人民银行审批，并由中国人民银行会同原国家计划委员会和财政部制定每年全国企业债发行的总额度。企业债市场发展严重滞后显而易见。如图 3－6 所示，国债融资额与国债和企业债融资额长期以来高度重合，直到 2006 年、

2007 年才出现较为明显的分离。这意味着与国债相比，企业债的作用长期以来几乎可以忽略不计。此外，作为债券市场发行利率的基准，国债市场发行方式和深度同样存在明显欠缺，进一步制约了企业债市场的发展。中国于 1981 年 7 月重新发行中断 23 年之久的国债。当时国债的特点是周期较长（10 年）、不可转让，对购券的企业支付较低的利息，对居民支付较高的利息。这种近乎行政摊派式的国债发行只是随着国库券转让市场放开才逐步过渡到更加市场化的发行①。如图 3 - 6 所示，同银行中长期贷款相比，国债融资规模偏小标志着国债市场深度不足，同样可能对基准利率的形成产生负面影响，阻碍包括企业债在内的债券市场发展。相反，得益于股票与银行信贷和企业债的不完全替代性，股票市场反而获得超常规的优先发展。如图 3 - 7 所示，1991～2007 年，中国股票融资额和企业债融资额比率有半数以上年份超过 50%，1992 年更是达到了 41 倍，并且其余年份也多在 20% 左右。这显然与融资次序理论相偏离，股票市场超常规发展由此可见一斑。

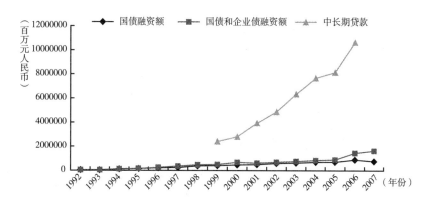

图 3 - 6 中国国债融资、企业债融资和中长期贷款

---

① 1988 年，国务院决定分期分批逐步放开国库券转让市场。4 月 21 日，实施国库券店头买卖的第一批试点在沈阳等 7 个城市同时开始。1990 年初，国库券交易试点已逐步扩大到全国 92 个城市。

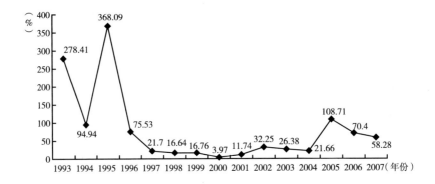

图 3 - 7 中国股票融资和企业债融资比率

资料来源：CEIC。

考虑到长期债权和股权融资应对的是高经济不确定性，无法通过集体动员来控制其金融风险，中国不得不对资本市场采取在控制中发展的策略，使得即使是得到超常规发展的股票市场在很大程度上也不过是动员性货币金融体制的边际补充。如果在我们的模型经济中引入系统风险因素，由于无法事先实现风险投资项目融资成本的差别化定价，在动员性货币金融体制下，国家隐性担保下的信贷扩张极有可能造成企业投融资出现整齐划一的现象，致使系统风险极大化，变得难以控制①。系统风险失控问题在交易性的资本市场中更加突出。这是因为，长期债权和股权融资应对的经济不确定程度更高，即使是具有足够深度和宽度的资本市场也只有在融资活动间不存在过于严重的行为扩散和传染现象，其行为结果接近独立同分布的条件下，才能实现对风险有效定价。很显然，在缺乏具有足够深度和宽度的资本市场条件

---

① 在模型经济中，由于资本品的产出结果是独立同分布的，尽管单个企业资本品的产出结果不确定，但在整个经济中并不存在总体的不确定性。根据这样的模型设定，在该经济中，投资只存在个体风险而无系统风险，并且个体风险还可通过贷款人（金融中介）差别化信贷合同事先予以完全回避。

下，试图如信贷扩张那样，通过集体动员来控制用来应对高经济不确定的股权融资风险绝无可能。因此，中国不得不对资本市场进行严格的政府管制，在控制中发展。从股票发行、上市、配股权、资产重组和并购，一直到退市资格的确认，都可充分体现出这一点。然而，资本市场管制带来的扭曲，加上发展规模上的压抑，严重损害了资本配置效率，使得中国资本市场成为边缘化的市场。比如政府刚性监管就扭曲了上市公司行为，激励其迎合监管机构的偏好而损害公司价值和投资者利益。在 1996～1998 年的 3 年中，中国证监会规定上市公司进行后续融资（配股）的必要条件是净资产收益率必须连续 3 年达到 10% 以上。证监会于 1999 年 3 月 26 日公布的《关于上市公司配股工作有关问题的通知》中，对上市公司配股权有了新的规定：由原来每年净资产税后利润率均达到 10% 变成了净资产税后利润率 3 年平均在 10% 以上，同时每年都在 6% 以上。陈小悦、肖星、过晓艳（2000）运用修正的 Jones 模型检验证实，上市公司在此期间为迎合监管部门的配股权规定存在利润操纵行为[1]。该文进一步指出，上市公司利润操纵行为与僵化、简单的配股资格标准存在莫大关系。1994～1995 年，由于总体经济形势比较乐观，采用 3 年平均净资产税后利润率 10% 的标准就显得过于宽松，于是在 1996 年对这一规定进行了修改，也就是变成了每年都必须达到 10% 的更为严格的标准。这本来是出于保护投资者利益的考虑，但在实际执行中，由于是一种明确的数量化标准，加上总体经济形势的逆向变化，使得这一规定并没有真正达到保护投资者的目的，反而激励上市公司通过利润操纵达到新标准。黄志忠、陈龙（2000）同样证实，1994～2000 年上海证券交易所上市公司存在盈余操纵问题，并表明证监会对配股资格的新规定并未起到提高

---

① 陈小悦、肖星、过晓艳：《配股权与上市公司利润操纵》，《经济研究》2000 年第 1 期。

信息披露质量的作用①。平新乔、李自然（2003）通过理论模型证明在上市公司质量服从正态分布的前提下，若证监会按经验估计的净资产收益率的均值来确定上市公司再融资资格，则危险很大，反而会增加虚假的信息披露频率②。除了揭示刚性管制对上市公司信息披露质量扭曲外，还有部分研究成果对刚性管制规则本身的合理性进行了质疑。姜国华、王汉生（2005）运用模型证实，亏损以及连续亏损与否并不直接依赖于公司长期的赢利能力，而是直接依赖于盈亏稳定性指标③。因此，对连续两年亏损的上市公司进行特殊处理的监管政策（俗称 ST 政策）未必能起到促进上市公司发展、规范股市的作用。受制于金融发展水平和体制缺陷，迄今为止，中国资本市场特别是股票市场资本配置效率不高，在经济增长中所发挥的作用极为有限。首先，中国股票市场资本配置效率不高可从上市公司的反常的融资次序偏好中得到佐证。大多数研究成果也证实，中国上市公司股权融资成本同样高于债权融资成本，上市公司股权融资偏好并不能由股权融资成本低来解释（沈艺峰、田静，1999；陆正飞、叶康涛，2004)④⑤。与上市公司股权融资偏好形成鲜明对照的是，尽管债权融资的资本配置效率更高，却遭到冷落。陈晓、单鑫（1999）实证研究发现，尽管上市长期财务杠杆与上市企业的加权平均资本成本、权益资本成本存在显著的负相关关系，中国上市企业仍然偏好股权融资，使得财务杠杆尤其是长期财务杠杆较低⑥。汪辉（2003）就上市公司的债务融

---

① 黄志忠、陈龙：《中国上市公司赢利成长规律实证分析》，《经济研究》2000 年第 12 期。

② 平新乔、李自然：《上市公司再融资资格的确定与虚假信息披露》，《经济研究》2003 年第 2 期。

③ 姜国华、王汉生：《上市公司连续两年亏损就应该被"ST"吗?》，《经济研究》2005 年第 3 期。

④ 沈艺峰、田静：《我国上市公司资本成本的定量研究》，《经济研究》1999 年第 11 期。

⑤ 陆正飞、叶康涛：《中国上市公司股权融资偏好分析——偏好股权融资就是缘于融资成本低吗?》，《经济研究》2004 年第 4 期。

⑥ 陈晓、单鑫：《债务融资是否会增加上市公司融资成本?》，《经济研究》1999 年第 9 期。

资与公司治理、公司市场价值的关系进行了理论分析和实证检验，同样发现，尽管总体上债务融资具有加强公司治理、增加公司市场价值的作用，但中国上市公司债务融资占总资产的比重不大①。童盼、陆正飞（2005）以中国上市公司为对象，考察负债融资以及负债来源对企业投资行为的影响②，实证结果表明，负债融资特别是银行借款能在一定程度上发挥治理作用，较好地控制过度投资。其次，大多数早期的实证检验结果发现，股票市场发展与经济增长之间的相关关系很弱，甚至负相关（谈儒勇，1999；赵志君，2000）③④。石建民（2001）引入一个简单的一般均衡模型，在考察股票市场对货币需求影响的基础上，全面综合分析股票市场对实体经济总量的影响⑤。尽管研究发现，1996～2000 年，中国股票市场对实际经济具有一定积极作用，但作用极为有限。不过，随着中国股市一定程度的制度改进，其作为实体经济的晴雨表功能有所发挥。吕江林（2005）实证考察了中国上证综指与实际国内生产总值存在着双重协整关系和单项因果关系，即在 95% 的置信水平下，实际 GDP 是股指变动的格兰杰成因⑥。换言之，股市更多的是实体经济的反映，体现了财富分配功能，尚无证据表明股市已经发挥了资本配置功能并对经济增长具有明显推动作用。

（3）渐进的外汇管理体制改革和金融对外开放。中国外汇管理体制改革和金融对外开放也是动员性货币金融体制的配套制度安排，并按渐进方式进行。中国外汇管理体制改革主要沿着形成更为灵活的人民币汇率决定机制，并稳定汇率水平的方向展开。从 1994 年 1 月 1 日起，人民币官方

---

① 汪辉：《上市公司债务融资、公司治理与市场价值》，《经济研究》2003 年第 8 期。
② 童盼、陆正飞：《负债融资、负债来源与企业投资行为——来自中国上市公司的经验证据》，《经济研究》2005 年第 5 期。
③ 谈儒勇：《中国金融发展和经济增长关系的实证研究》，《经济研究》1999 年第 10 期。
④ 赵志君：《金融资产总量、结构与经济增长》，《管理世界》2000 年第 3 期。
⑤ 石建民：《股票市场、货币需求与总量经济》，《经济研究》2001 年第 5 期。
⑥ 吕江林：《我国的货币政策是否应对股价变动做出反应?》，《经济研究》2005 年第 3 期。

汇率与市场汇率并轨，实行人民币结售汇制，建立了全国统一的银行间外汇市场，实行以市场供求为基础的单一的有管理的浮动汇率制度，实现了人民币在经常项目下的有条件可兑换，同时人民币大幅贬值。1996 年，进一步实现人民币经常项目可兑换。2005 年 7 月 21 日，中国人民银行发布公告，开始实行以市场供求为基础、参考一篮子货币进行调节、有管理的浮动汇率制度。人民币汇率不再单一盯住美元，形成更富弹性的人民币汇率机制。

金融对外开放则以外商直接投资 – 外债 – 证券投资的大致顺序，逐步放松资本管制，实现人民币资本项目下的自由兑换来进行。一是在外商直接投资方面，资本管制一直最为宽松。从 2001 年起，历经外商投资企业资本金结汇和外商直接投资外汇管理改革，中国目前对外商直接投资已基本没有限制（战略性行业除外）。2005 年 10 月，国家外汇局出台了有关境内居民通过境外特殊目的境外融资及返程投资外汇管理的政策，明确允许境内居民（包括法人和自然人）可以特殊目的公司的形式设立境外融资平台，通过反向并购、股权置换、可转债等资本运作方式在国际资本市场上从事各类股权融资活动，合法利用境外融资满足企业发展的资金需要。对境内居民国际资本运作管制的放松为创新吸引外商直接投资方式开辟了道路。除继续鼓励传统的直接投资方式外，吸引外商直接投资新方向应为适应国际资本流动的新特点，充分利用兼并、重组及股票上市等股本投资方式，鼓励外商参与国内企业的资产重组。二是外债的管制较为严格，并主要集中在外债规模和期限结构上。按照中国的入世承诺，2006 年之后在中国经营的外资银行可以向中资企业、外商投资企业、居民和非居民个人提供全方位的人民币和外币业务，这将加剧放松外债管制压力。三是证券投资的管制尽管最为严格，但也在逐步放开。自 2001 年 12 月中国加入世界贸易组织后，中国证券投资管制放松的步伐明显加快。2001 年对境内居民个人开放 B 股市场①。截至 2006 年年底，中国已全部履行了加入世界贸易组织时有关证券市场对外开放的承诺，设立合资证券期货经营机构②。在人民币资本项下未实现完全自由兑换的情况下，中国于 2002 年 12 月实施允许经批准的境外机构投资者投资于中国证券市场的 QFII（境外合格机构投资者）制度。中国于 2006 年 5 月实施允许经批准的境内机构投资者投资于境外证券市场的 QDII（合格境内机构投资者）制度。

　　经过上述渐进的外汇管理体制改革和金融对外开放，基于资本管制的人民币可调整盯住汇率制得以形成，并构成动员性货币金融体制极其重要的组成部分。根据蒙代尔三角定理，货币政策自主性、资本自由流动和固定汇率制三者不可兼得。一方面，考虑到需要选择动员性货币金融体制，通过国家隐性担保下的信贷扩张动员储蓄，货币政策自主性无疑不能放弃。另一方面，实行固定汇率制实质上相当于对人民币汇率提供了国家隐性担保，由国家集中承担汇率风险，能够激励出口导向型工业化发展。那么，唯一可以放弃的就是资本自由流动，实行资本流动管制。更何况在中国现实的金融发展水平下，实行资本流动管制带来的成本还较低。这是因为，中国金融发展水平很低，控制风险能力极弱，也必须实行必要的资本流动管制，抑制流入资本冲击，以免放大国内金融风险。很显然，中国的金融对外开放是国内投融资管制在国际金融领域的延伸。与计划经济时期相比，投资管制程度最轻，对外商直接投资的开放也最

---

① 中国 1991 年底推出人民币特种股票（简称 B 股）试点，又称境内上市外资股，以人民币标明面值，以美元或港元认购和交易，投资者为境外法人或自然人。

② 中国加入世界贸易组织时证券业对外开放承诺包括：外国证券机构可以直接从事 B 股交易；外国证券机构驻华代表处可以成为所有中国证券交易所的特别会员；允许外国服务提供者设立合资公司，从事国内证券投资基金管理业务，外资比例不超过 33%，中国加入世界贸易组织 3 年内外资比例不超过 49%；3 年内，允许外国证券公司设立合资公司，外资比例不超过 1/3，合资公司可以不通过中方中介从事 A 股的承销，B 股、H 股及政府与公司债券的承销和交易以及基金的发起。

多。至于对外债和证券投资的开放，尽管已经允许外国金融机构的进入，并加大其对国内融资条件的影响，但它们同样要受到融资规模调控的制约。

综上所述，经过中央银行－商业银行二级银行体系的完善、在控制中的资本市场发展和渐进的外汇管理体制改革和金融对外开放，中国动员性货币金融体制得以形成，其机制就是由国家提供金融中介免于破产的隐性担保，信贷利率管制和信贷利率补贴相配合复制低利率信贷集中性均衡。对金融中介免于破产的国家隐性担保实质又是对存贷利差提供的担保，起到保证银行赢利能力、补充资本金的作用。由此可见，对存贷利差的国家隐性担保和扩张性的货币政策相配合，可以激励国家隐性担保下的银行信贷扩张，动员储蓄。至于压抑资本市场发展以及实行必要的资本流动管制，则是保证储蓄主要通过信贷扩张方式进行动员的配套制度安排。很显然，国家隐性担保下的信贷扩张在动员储蓄时，会带来利率管制、对存贷利差的国家隐性担保、主要通过通货膨胀形成的利率压抑、压抑资本市场发展和实行资本流动管制等一系列货币金融扭曲。

2. 中国动员性货币金融体制和信贷扩张风险控制

国家隐性担保下的信贷扩张风险控制难度是显而易见的。一方面，存贷利率管制和存贷利差的国家隐性担保使得银行体系具有过度信贷扩张的激励；另一方面，利率压抑又造成过度投资的激励。这两方面影响综合作用势必造成信贷扩张和投资支出过度，损害金融和经济稳定。不过，幸运的是，改革开放以来，中国在推进市场化改革基础上，选择了出口导向型工业化增长方式，成功地获得了银行提前清算和流入资本对美国国债市场再投资两大金融风险控制机制，并同植根于反周期宏观调控的金融宏观审慎监管相配合，有效控制了国家隐性担保下的信贷扩张风险。

鉴于中国承继了计划经济体制，为了能够选择出口导向型工业化经济增长方式，充分利用干中学的增长源泉，首先必须进行经济体制的市场化转轨。中国正是通过先行的产品价格、企业改革和渐进的对外经济开放达到这一体制转轨目的。根据张卓元（2000）的研究，中国采取先调后放、同国际价格接轨的改革策略，使得产品价格改革成为迄今为止最为成功的体制转轨领域，对形成竞争性产品市场发挥了重要作用①。改革开放以前，中国绝大多数商品价格由政府决定。1978 年，政府定价比重，社会商品零售总额为 97%，工业生产资料销售收入总额为 100%，农副产品收购总额为 92.6%。经过近 20 年的价格改革，1997 年，社会商品零售总额中，市场价格的比重已上升为 93.2%，政府定价比重减少到 5.5%，其余 1.3% 实行国家指导价；工业生产资料销售收入总额中，市场价格的比重已上升为 81.6%，政府定价比重减少到 13.6%，其余 4.8% 实行国家指导价；在农副产品收购总额中，市场价格的比重已上升为 80.5%，政府定价比重减少到 16.1%，其余 3.4% 实行国家指导价。迄今为止，在实物商品领域，市场价格体制已基本形成。此外，各种服务收费，凡属竞争性行业，其价格也已放开，由市场调节。

与此同时，中国的企业改革也取得了长足进步，涌现出越来越多的追求价值最大化的企业。改革开放以来，中国不断加大政策扶持力度，鼓励包括非公经济在内（主要包括个体、私营经济、中国港澳台外商直接投资经济）的多种所有制经济共同发展。早在 1993 年，中国国有经济相当于 GDP 和工业总产值比重就已分别滑落至不足 1/2 和 1/3，并有进一步下降趋势。由于非国有经济特别是非公经济一开始就在竞争性产品市场中经营，更易成为追求价值最大化的企业。国企改革经过扩大企业自主权、实行两权分离以及建立现代企业制度（其本质是在保留国家最终所有权的前提下，授予企业法人所有权）并调

---

① 张卓元：《中国改革开放经验的经济学思考》，经济管理出版社，2000，第 210~222 页。

整国有经济布局的不同阶段，也取得了一定程度的进展。尽管国企改革的最终效果仍有待进一步观察，但国有企业已由改革开放前单纯完成计划任务的生产单位［曾被周叔莲等（1978）戏称为算盘珠］，变成追求赢利的经济主体，并有部分国企在产品市场竞争压力下转变成追求价值最大化的企业。这已是不争事实①。此外，同东亚其他后起经济体一样，逐步开展的全方位开放也对经济体制市场化转轨发挥了积极作用。很显然，正是得益于上述经济体制市场化转轨，中国选择出口导向型工业化增长方式的经济体制基础才得以奠定②。

中国市场化改革降低了价格扭曲程度，使得投资项目质量能够及时显现，也为通过银行提前清算控制信贷风险提供了可能。在此基础上，进一步选择了出口导向型工业化增长方式，更是由此获得有利于国家隐性担保下的银行信贷扩张风险控制的微观和宏观机制：在微观上，出口导向型工业化或干中学的经济增长在产品市场结构上倾向于竞争性，造成投资项目具有数量多、期限短、规模小和不确定程度低等一系列特点，保证了银行可以通过提前清算控制金融风险。在宏观上，通过将经常项目顺差和其他各种形式流入资本再投资于美国国债市场，能够转移风险，并有效抑制银行信贷扩张规模。中国选择出口导向型工业化增长方式正值全球化和美国经济的繁荣期，同美国经济高增长相适应，其货币和债务扩张，一方面，抑制了国内的通货紧缩；另一方面，为全球储蓄提供了充足的合格金融资产，促进了国际资本流入和美元名义汇率上升。这两者相结合势必导致美元实际有效升值，并产生了美国巨大的经常项目逆差。与此相对应，中国通过将包括经常项目顺差在内的各种形式的流入资本再投资于美国国债市场，在为美国经常项目逆差提供融资服务同时，也达到了转

---

① 周叔莲、吴敬琏、汪海波：《充分发挥企业的主动性》，《人民日报》1978 年 12 月 31 日。
② 对中国出口导向型工业化增长方式的简要辨析见本书附录一。

移风险，抑制信贷过度扩张的目的。如图 3 - 8 所示，由于实行人民币强制结售汇制，中国长期的国际收支双顺差使得积累的外汇储备规模相当可观，通过将其再投资于美国国债市场，实现风险转移的意义由此可见一斑。

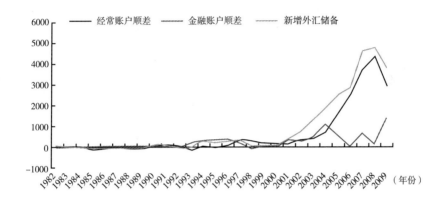

图 3 - 8　中国国际收支双顺差和新增外汇储备

资料来源：CEIC。

中国金融宏观审慎监管同样对信贷扩张风险控制发挥了重要作用。中国金融宏观审慎监管包括对投资规模和结构的控制、保留信贷规模控制的货币政策工具、在控制中发展多种形式的资本市场以及增加资本市场稳定宏观调控目标等一系列核心机制。

对投资规模和结构的控制始终是中国特色宏观调控的重要组成部分。尽管随着市场化改革的推进，国家对投资的垄断早已成为历史陈迹，但其对投资规模和结构的强有力影响却始终保持着。这突出地表现在从计委沿革而来的发展改革委至今仍可通过产业准入政策和基于投资规模的审批权有效调控投资规模和结构。

尽管中央银行基于（广义）价格信号的间接调控工具体系日益完善，以贷款规模最高限额管理为代表的货币政策直接调控工具（实质上是数量调节手段）始终得以保留，并在宏观调控中发挥着极为重要的作用。1997 年底，人民银行颁布了《关于改进国有商业银行贷款限额控制的通知》，决定从 1998 年 1 月 1 日起，取消对国有商业银行贷款限额控制，在推行资产负债比例管理和风险管理的基础上，实行"计划指导、自求平衡、比例管理、间接调控"的新的管理体制。对国有商业银行不再下达指令性贷款计划，而改为按年（季）下达指导性计划。该指导性计划作为中央银行宏观调控的监测指标，供各银行自编资金计划时参考。1998 年国有商业银行贷款限额控制的取消标志着我国中央银行由主要依赖贷款规模最高限额管理的货币政策直接调控工具，转向主要运用货币政策间接调控工具等多种手段进行宏观调控。不过，无论是在抑制过度投资的 2004～2007 年宏观调控，还是在最新一轮的宏观调控（2008～2009 年）中，信贷规模控制始终是发挥最为重要作用的政策工具之一。

在控制中发展多种形式的资本市场是通过融资规模控制并逐步实行市场化定价方式进行的。首先，银行存贷利率市场化改革长期滞后，央行通过规定存贷利差，间接控制了银行的信贷规模，并在必要时运用贷款规模最高限额管理对银行信贷规模进行直接宏观调控。其次，对债券发行额度进行审批。1987 年 3 月，国务院颁布了《企业债券管理暂行条例》，规定企业债的发行须经中国人民银行审批，并由中国人民银行会同国家计划委员会和财政部制定每年全国企业债发行的总额度。即使是发展最早和最快的国债市场也是逐步实现了市场化发行。再次，中国股票发行长期带有行政审批色彩。1990～2000 年，对股票发行，监管机构采取了额度指标管理的审批制度，即将额度指标下达至省级政府或行业主管部门，由其在指标限度内推荐企业，再由中国证监会审批企业发行股票。2001 年 3 月，新股发行正式实施核准制，确立了以强制性信息披露为核心的事前问责、依法披露和事后追究的责任机制。与额度审批制相比，核准制的主要进步在于提高了发行审核工作的程序化和标准化程度，但额度审批的实质并未实现根本性改变。与此同时，股票发行定价制度也由行政主导转变为市场主导。最后，中国必要的资本流动管制是融资规模控制在金融对外开放领域的延伸。与计划经济时期相比，直接投资管制程度最轻，对外商直接投资的开放也最多。至于对外债和证券投资的开放，尽管已经允许外国金融机构的进入，并加大其对国内融资条件的影响，但它们同样要受到融资规模调控的制约。由此可见，中国对银行信贷、债券和股票等所有（广义）资本市场均采取在控制中发展的策略，其核心内容就是对各种形式的融资实行必要的规模控制，并逐步实行融资定价的市场化。

从 2005 年起，随着金融市场化加速和资产价格膨胀现象的兴起，资产市场平稳运行又引起广泛关注，并正成为包括货币政策在内的宏观调控新目标。尽管除了增加资本市场稳定的货币政策宏观调控目标外，上述中国金融宏观审慎监管运用了诸多市场化程度不足的工具，但由于植根于反周期宏观调控，其四大核心机制相辅相成，卓有成效地调控了信贷扩张。其中，对投资规模和结构的控制降低了投资和增长过度乐观的预期，削弱了信贷扩张激励，在控制中发展多种形式资本市场，特别是实行融资规模控制，在金融发展水平低下、金融中介风险控制能力薄弱的条件下，有助于抑制信贷过度扩张和系统风险累积，保留信贷规模控制的货币政策工具和增加资本市场稳定的货币政策目标则提高了货币政策效率，从源头上抑制了信贷和债务扩张。

银行提前清算，流入资本对美国国债市场的再投资和植根于反周期宏观调控的金融宏观审慎监管三管齐下，有效控制了国家隐性担保下的信贷扩张风险。根据银监会网站提供的信息，中国国有商行不良贷款比重 2004 年 3 月曾高达 20%，到 2008 年年底下降为 2.8%，目前进一步下降到 1.6%。很显然，一度困扰国有商行的不良贷款问题得到了有效缓解。

3. 小结

综上所述，与计划经济的储蓄动员机制相比，动员性货币金融体制在金融风险控制方面取得了长足进步。在计划经济中，几乎毫无金融风险控制机制可言，动员性货币金融体制却拥有银行提前清算、流入资本对美国国债市场的再投资两大机制。在计划经济中，由于价格信号严重扭曲，只能被迫进行事后的宏观调整。动员性货币金融体制却可以借助反周期宏观调控，实现金融宏观审慎监管。正是由于信贷扩张风险得到有效控制，使得资本配置效率没有出现严重下滑，反而保持相对稳定，中国动员性货币金融体制尽管带来了一系列扭曲，但仍实现了动员储蓄，支持资本积累，改进增长绩效，完成经济起飞任务的初衷。

三 中国经济增长方式转变与动员性货币金融体制面临的挑战

根据前面的分析，一个经济体要能够有效运行动员性货币金融体制，必须具备两个条件：一是面临低收入贫困陷阱，需动员储蓄，促进资本积累，实现经济起飞。二是拥有干中学的经济增长源泉，并能够选择出口导向型工业化作为经济增长方式，有效控制国家隐性担保下的信贷扩张风险。随着经济进一步增长，中国选择动员性货币金融体制两大条件正逐步丧失。首先，2003 年，中国人均 GDP 达到 1000 美元，开始步入中等收入国家行列，一举突破低收入贫困陷阱，成功地实现了经济起飞。其次，伴随着经济起飞任务完成，中国要素价格出现飙升现象，特别是本次全球金融危机爆发威胁到了出口导向型工业化的可持续性，加剧了增长方式转型压力。增长方式转变势必对与出口导向型工业化配套的动员性货币金融体制风险控制提出严峻挑战。

（一）中国动员性货币金融体制扭曲和金融部门风险暴露

根据对 2011 年 7 月截面数据的资产负债分析，可以清楚地揭示中国动员性货币金融体制扭曲对金融部门风险暴露的影响。

　　根据金融机构人民币信贷收支表，截至 2011 年 7 月，金融机构（含人民银行、银行业存款类金融机构、信托投资公司、租赁公司和汽车金融公司并纳入了证券公司和保险公司的部分业务）总资产约 87.04 万亿元，其中，人民币各项贷款为 51.89 万亿元（含人民币境外贷款 0.16 万亿元），证券组合投资或有价证券为 8.99 万亿元，包括股权在内的各项直接投资为 1.02 万亿元，外汇占款为 24.89 万亿元，黄金占款为 0.07 万亿元。

　　金融机构人民币信贷收支表（按部门分类）提供了进一步的细分信息。该表将贷款在家庭和机构之间进行了区分。截至 2011 年 7 月，家庭贷款为 12.82 万亿元，约占总贷款的 1/4。家庭贷款区分为长、短期消费和经营贷款，截至 2011 年 7 月，总的消费贷款为 8.29 万亿元，短期消费贷款为 1.15 万亿元，长期消费贷款则为 7.14 万亿元，主要是住房抵押贷款。家庭经营贷款为 4.53 万亿元，主要是规模以下的企业贷款。至于对非金融企业和其他部门的机构贷款为 38.92 万亿元，约占同期总贷款的 3/4。

　　结合运用其他存款性公司和中央银行的资产负债表，可以大致估算出金融机构对政府的债权。尽管其他存款性公司又称银行业存款类金融机构，由银行、信用社和财务公司组成，统计范围小于金融机构，但却代表了中国最为重要的金融机构。其他存款性公司的资产负债表的最重要信息就是针对政府的债权。根据《中国人民银行法》，从 1993 年开始禁止以向中央银行透支方式弥补财政赤字。不过，在实践中，从 1997 年 3 月开始，中央银行对财政部透支一直保持在 0.16 亿元的规模上，2003 年 9 月，这一历史遗留问题又进一步得到彻底解决。再考虑我国地方政府长期以来原则上既不可发行债券又不能向金融机构借款，金融机构对政府的债权理论上就完全由国债形式体现。截至 2011 年 7 月，其他存款性公司对政府债权为 4.63 万亿元，中央银行对政府债权为 1.54 万亿，由中央银行和其他存款性公司组成的金融机构对政府的债权合计为 6.17 万亿元。如果算上保险公司等持有的国债，这一规模会更大。

根据上述四大类表格揭示的信息，概括起来，中国金融部门风险暴露可能包括①②以下方面。

1. 汇率风险和对外投资风险

2011 年 6 月，含央行在内的金融机构外汇占款为 24.67 万亿元，同期央行持有的外汇就高达 22.64 万亿元，达到外汇占款总量 92%。此外，中国的外汇储备又多以发达经济体特别是美国的国债方式持有，对外投资风险构成另一重要的风险点。

2. 国内信贷风险

受发展阶段的影响，中国目前的国内信贷风险暴露主要集中于与城市化投资有关的贷款上，涉及房地产投资、城市基础设施投资以及包括交通、通信和能源等垄断部门在内的基础设施投资贷款等。

（1）房地产投资贷款。房地产投资贷款由开发商贷款和家庭住房抵押贷款组成。根据 CEIC 提供的开发商房地产投资数据，截至 2011 年 7 月，房地产总投资为 4.79 万亿元，其中显性的国内贷款只有 0.8 万亿元。不过，考虑到开发商自筹资金和其他资金也可能部分来自国内贷款，加上这类隐性贷款，开发商同期获得的金融机构贷款可能为 2.53 万亿元。其中，剔除自有资金（1.93 万亿元）外的自筹资金为 0.93 万亿元，剔除房地产企业存款和购房预付款之外的其他资金为 0.8 万亿元。截至 2011 年 7 月，将开发商贷款和家庭住房抵押贷款相加，金融机构对房地产部门的贷款为 9.67 万亿元，约占同期人民币贷款的 19%。

（2）城市基础设施贷款。根据 IMF《中国金融体系稳定评估报告》

---

① 以上所有表格和相关数据均来自 CEIC。
② 对金融部门资产负债表的有关简介见本书附录二。

（2011），截至 2010 年 6 月底，地方融资平台中用于市政建设等的基础设施贷款高达 7.7 万亿元，约占同期公开贷款的 16%[①]。截至 2010 年 10 月底，对房地产部门贷款比重则为 20%。根据常欣（2011）的研究，2010 年底地方政府性债务余额中，已支出 9.61 万亿元[②]。在已支出的债务资金中，用于市政建设、交通运输、土地收储整理、科教文卫及保障性住房、农林水利建设等公益性、基础设施项目的支出占 86.54%，约 8.08 万亿元。

（3）包括交通、通信和能源等垄断部门在内的基础设施投资贷款。与地方融资平台基础设施贷款侧重于城市或区域内部的基础设施投资不同，包括交通、通信和能源等垄断部门在内的基础设施投资主要着眼于不同城市或区域之间的功能对接。受统计资料约束，对这一类基础设施投资贷款规模尚无法进行估算。IMF《中国金融体系稳定评估报告》（2011）则将国内信贷风险暴露区分为两个层次，即对房地产部门的直接贷款和以房地产为抵押和担保的贷款[③]。截至 2010 年 10 月底，5 家最大商业银行主要以房地产为抵押和担保的贷款比重为 30% ~45%。除了已包含在第一层次风险暴露内的家庭住房抵押贷款和开发商抵押贷款之外，以房地产为抵押和担保的贷款还包括主要以国有企业土地使用权为抵押担保的地方融资平台贷款、其他基础设施投资和产业投资抵押贷款。该报告认为，中国国内信贷第一层次的风险暴露，即金融机构对房地产部门的直接贷款占其总贷款比重同中国香港和美国相比并不算突出，真正的风险可能更集中在以房地产为抵押和担保的贷款上。

---

① IMF, "People's Republic of China: Financial System Stability Assessment", *IMF Country Report*, No. 11/321, November 2011.

② 常欣：《中国资产负债表评估：地方政府部门分报告》，中国社会科学院经济研究所工作讨论稿，2011。

③ IMF, "People's Republic of China: Financial System Stability Assessment", *IMF Country Report*, No. 11/321, November 2011.

3. 利率或证券价格风险

在我国现行的金融监管体制下，银行和保险公司等金融机构证券组合投资范围受到严格的限制。截至 2011 年 7 月底，金融机构证券投资规模为 8.99 万亿，其中，仅中央银行和其他存款性公司持有的国债就高达 6.17 万亿元。金融机构证券投资其余部分又多由被视为准国债的国家开发银行和进出口银行等金融机构债券组成。

中国金融部门这样的风险暴露状况与动员性货币金融体制扭曲密切相关。中国动员性货币金融体制扭曲主要包括 3 个方面：①对存贷利差提供国家隐性担保，并在扩张性货币支持下，激励银行体系信贷扩张，动员储蓄。②为了保证国家隐性担保下的信贷扩张动员储蓄的效果，压抑资本市场发展。③对人民币汇率提供国家隐性担保，实行实质上的固定汇率制，由央行集中承担汇率风险，激励出口导向型工业化发展。动员性货币金融体制这一系列扭曲正是中国金融部门上述风险暴露的体制成因。具体地讲，存贷利差的国家隐性担保可能引发银行信贷扩张过度，形成国内信贷风险暴露；人民币汇率的国家隐性担保在激励出口导向型工业化发展的同时，也会导致汇率和对外投资等对外风险暴露过度；资本市场发展滞后则限制了利率或证券价格风险暴露规模。

不过，尽管动员性货币金融体制扭曲会导致金融部门风险整体暴露过度，但只要出口导向型工业化增长方式能够顺利运行，银行提前清算和流入资本对美国国债市场的再投资两大机制就可以有效发挥作用，把金融部门风险暴露约束在可控范围之内。

在出口导向型工业化增长方式下，中国经济的不确定性主要集中在产品生产上，并可通过干中学带来的学习效应逐步降低。至于技术创新和市场营销的不确定性则由发达经济体承担。这就使得出口导向型工业化在产品市场结构上倾向于竞争性，造成投资项目具有数量多、期限短、规模小和不确定程度低等一系列特点，保证了银行可以通过提前清算控制国内信贷风险。

在出口导向型工业化增长方式下，中国通过将包括经常项目顺差在内的各种形式的流入资本再投资于美国国债市场，不仅不会导致汇率风险和对外投资风险失控，而且能起到转移国内信贷风险、抑制信贷过度扩张的作用。由于出口导向型工业在性质上属于由外部技术引进推动的国内要素和资本积累，这一增长方式无疑是以发达经济体特别是美国经济繁荣和金融稳定为假定前提的。只有这样，发达经济体特别是美国才能借助其具有足够深度和宽度的资本市场，以给全球投资者提供合格储蓄工具的方式，聚集和处理技术创新和市场营销风险。正是为了同集中承担全球技术创新和市场营销风险的职能相适应，美国货币和债务扩张在抑制国内通货紧缩的同时，并没有导致美元名义汇率长期下跌，反而在国际流入资本推动下一度有所上升。这两种因素相结合势必造成美元实际有效汇率升值。美元实际有效汇率升值尽管会给美国带来巨额贸易赤字，但只要通过国际资本流入为其贸易赤字融资方式能够持续下去，对类似中国这样的后起经济体而言，将包括经常项目顺差在内的各种形式的流入资本再投资于美国国债市场，不仅不会导致汇率风险和对外投资风险失控，而且会达到转移国内信贷风险、抑制信贷过度扩张的目的。至于说利率或证券价格风险暴露，由于国内证券市场发展滞后，在资本配置中基本属于边际市场，不仅规模有限，而且其风险影响也很难外溢至其他金融市场。事实上，只要金融机构将投资的国债和准国债持有到期，就可以有效回避利率或证券价格风险。

由此可见，直到 2008 年下半年国际金融危机爆发之前，中国出口导向型工业化增长方式还是得以顺利运转，银行提前清算和流入资本对美国国债市场的再投资两大机制，在植根于反周期宏观调控的金融审慎监管配合下，有效地控制了金融风险。

（二）经济增长方式转变和动员性货币金融体制风险控制机制的失灵

要素价格飙升，特别是本次全球金融危机的爆发加剧了中国转变出口导向型工业化增长方式的压力。在这一增长方式下，国际经济分工体现为由发达经济体承担总部经济职能，购买研发、金融、市场营销和商务等多样化中介服务，并由此发展创新制造业，成为全球经济的技术来源和终端消费市场；而类似中国这样的后起经济体则运用引进的标准化技术专业化于最终产品生产和制造，发挥干中学的增长效应。然而，随着经济增长的持续，包括劳动力在内的国内要素价格加速上升，中国干中学带来的经济潜力在很大程度受到削弱，也逐渐削弱了参与出口导向型工业化国际经济分工模式的经济合理性。2008 年下半年发端于美国的国际金融危机更是从根本上动摇了出口导向型工业化国际经济分工模式的基础。毕竟出口导向型工业化增长方式的有效运行必须建立在发达经济体特别是美国经济繁荣和金融稳定的假定前提之上。本次国际金融危机的爆发恰恰源于对美国技术进步、经济增长和金融发展潜力的过度高估。这就表明，发达经济体特别是美国并非总能有效承担经济职能，成为全球经济的技术来源和终端消费市场。更为重要的是，本次全球金融危机爆发以后，在新兴市场经济体相互直接投资带动下，第二次世界大战后第一次出现了发展中经济体先于发达经济体复苏的现象。这一现象意味着发达经济体特别是美国经济繁荣和金融稳定的假定前提的丧失可能并非周期现象而是长期趋势，以致危及目前出口导向型工业化国际经济分工模式的可持续性。因此，出口导向型工业化增长方式变得难以为继，这要求中国只有适时推动自主技术创新、发展自主品牌和营销渠道、提升自身承担总部经济职能的能力，才能缓解增长动力不足的难题。在增长方式转变过程中，为了降低技术创新成本，还必须培育城市化载体，发挥技术创新的外溢效应。

经济增长方式转变将极大地改变中国经济风险状况。首先，会造成中国经济风险程度整体提高。在经济增长方式转变和培育新增长动力过程中，由于推动自主技术创新、发展自主品牌和营销渠道、提升自身承担总部经济职能的能力，中国经济在技术创新和市场销售上的不确定性无疑将急剧上升。与此同时，包括劳动力在内的国内要素价格攀升，也会削弱干中学效应，进而提高产品生产的不确定性。其次，对城市化载体的培育将极大地延长投资期限，也会从期限错配角度提升金融风险。

很显然，经济风险状况的变化使得继续依赖与出口导向型工业化相配套的动员性货币金融体制控制风险变得困难重重。

首先，在增长方式转变过程中，投资重点和特点的变化将加剧银行信贷扩张的期限错配难题，提高银行提前清算控制国内信贷风险的成本。经济增长方式转变将带来投资重点的重大变化。其中，技术创新投资重点主要包括：技术创新投资；人力资本投资。城市化投资重点主要包括：城市和城市群基础设施建设；住宅投资和消费者信贷；社会保障；提供原材料的重化工业投资。这些投资项目大多具有期限长、规模大和不确定程度高的特点。考虑到商业银行承担着流动性供给职能，其控制金融风险的主要手段就是提前清算，依赖以短放长的银行信贷扩张为不确定程度高的长期投资项目融资势必会加剧银行期限错配难题，提高银行提前清算成本。由此可见，在增长方式转变过程中，随着银行提前清算的风险控制机制逐步失灵，中国国内信贷风险面临全面失控的危险。迄今为止，中国国内信贷风险之所以还没有真正失控，关键在于中国方兴未艾的城市化在很大程度上实现了风险后摊。在出口导向型增长方式下，由于总部经济职能主要由发达经济体承担，而类似中国这样的后起经济体则运用引进的标准化技术专业化于最终产品生产和制造。这就不可避免地造成中国城市化严重滞后于工业化。为了提升自身承担总部经济职能的能力，实现增长方式转变，中国迫切需要补城市化发展不足的课，培育城市化载体，发挥技术创新的外溢效应，降低技术创新成本。根据学术界通常估计，当城市化率处于50%～70%时，城市化将处于高速发展阶段。考虑到中国城市化率刚刚跨过50%的门槛，这就意味着全国大部分地区城市化发展仍有广阔的空间，从而保证了以房地产为抵押和担保的贷款质量。

其次，全球经济再平衡的启动不仅加大了中国将流入资本再投资于美国国债市场转移国内信贷风险的难度，而且还会加剧资本流入冲击，进而造成汇率风险和对外投资风险失控。改革开放以来，资本流入冲击成为影响中国经济和金融稳定越来越重要的因素。如图 3 - 9 所示，从 20 世纪 90 年代开始，外商直接投资一直稳步增长，并逐步成为中国利用外资的最主要方式。这在减轻外部冲击和保持国内经济和金融稳定方面发挥了不可替代的作用。然而，从2003 年起，外商证券组合投资和外债（由对外借款和贸易信贷组成）这两类管制资本重要性却突然提升（2003～2006 年与外商直接投资规模非常接近），并在 2008 年国际金融危机爆发时表现出极端的脆弱和易变性，由 2007 年增加

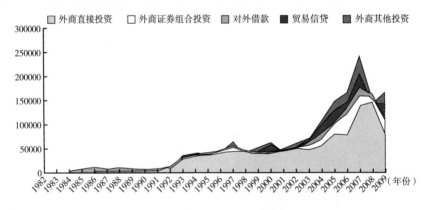

图 3 - 9　中国利用外资方式

资料来源：CEIC。与《中国统计年鉴》的处理方法不同，图中所用的外商其他投资系指剔除外商直接投资以及管制资本，即外商证券组合投资、对外借款和贸易信贷后的外资。

674亿美元变成2008年的减少55亿美元。IMF《中国金融体系稳定评估报告》（2011）也证实了这一点，即使考虑到严格的资本流动管制，自1998年以来，由证券组合投资和其他投资组成的净资本流入在绝对规模上平均也已相当于GDP规模的1.5%[①]。与此相对照，经常账户余额和净FDI流量分别达到GDP规模的4.7%和1.5%。如果再考虑有许多逃脱管制的情况，资本流入冲击将更加严重。根据陈昌兵（2009）的研究，2005年7月人民币升值并采取浮动汇率，使得人们产生了对汇率升值的预期，由此产生了金融贸易余额，即虚假贸易余额[②]。根据长期贸易余额关系模型模拟结果，金融贸易余额占统计贸易余额中的28.43%；根据短期贸易余额关系模型模拟结果，金融贸易余额占统计贸易余额的45.07%。由此可见，统计贸易余额大约有36.75%是金融贸易余额，即大约有近40%的贸易余额是虚假的。中国资本流入冲击之所以会加剧，关键在于与出口导向型工业化相配套的国际经济分工和经济风险分配格局已经满足不了全球经济增长的需要。正如在前面分析中所指出的那样，本次全球金融危机爆发源于对发达经济体特别是美国技术进步、经济增长和金融发展潜力的过度高估，以致货币、债务扩张过度，承担了太多的经济风险。这就要求启动全球经济再平衡，对此进行调整。全球经济再平衡，一方面，意味着美国等发达经济体经济增长和货币、债务扩张趋缓，中国很难再轻松地通过将包括经常项目顺差在内的各种形式的流入资本再投资于美国国债市场的方式实现国内信贷风险控制；另一方面，随着经济增长和金融发展，中国还可能不得不接受越来越多的资本流入。很显然，美国等发达经济体经济增长和货币、债

---

① IMF, "People's Republic of China: Financial System Stability Assessment", *IMF Country Report*, No. 11/321, November 2011.

② 陈昌兵：《贸易余额的影响机制及计量分析》，中国社会科学院经济研究所工作论文，2009。

务扩张趋缓将压低其通货膨胀率，中国流入资本冲击加剧又会产生人民币升值压力，两者相结合可能导致美元实际有效汇率下降，危及中国汇率风险和对外投资风险的控制。

最后，随着银行提前清算和流入资本再投资于美国国债市场这两大传统金融风险控制机制的失灵，中国宏观经济政策面临更加艰难的保增长与实现金融稳定和低通胀的抉择。动员性货币金融体制一方面存在着对存贷利差的国家隐性担保，并在扩张性货币政策支持下，为银行信贷过度扩张提供了激励；另一方面，则存在着对人民币汇率的国家隐性担保，由央行集中承担汇率风险，为汇率风险和对外投资风险等对外金融风险暴露过度提供了激励，特别是强制结售汇制还使得增加外汇储备成为中国货币供给的最重要渠道。这种有缺陷的体制势必导致货币供给过于宽松和银行信贷扩张过度。McKinsey Global Institute 一份报告估计（2006），自 2001 年以来，中国每增长 1 美元 GDP，平均需要 5 美元的投资，比起飞时期的日本和韩国高 40%[1]。此外，IMF 的《中国金融体系稳定评估报告》（2011）提出，中国目前在 G20 中的总储蓄和投资份额超过 20%，而对应的 GDP 份额却只有约 10%[2]。在银行提前清算和流入资本再投资于美国国债市场两大金融风险控制机制还能有效运行的时候，结合植根于反周期宏观调控的金融宏观审慎监管，中国尚可定期释放金融系统风险，实现经济和金融稳定。但是，随着向新增长方式转变，银行信贷扩张期限错配难题越发严重，以及全球经济再平衡过程带来的资本流入冲击的加剧，中国试图继续依赖反周期的宏观调控和相应的金融宏观审慎监管定期释放金融风险，其成本无疑是提高了。

---

[1] Mckinsey Global Institute："Putting China's Capital to Work：The Value of Financial System Reform"，*Report*，May 2006.

[2] IMF，"People's Republic of China：Financial System Stability Assessment"，*IMF Country Report*，No. 11/321，November 2011.

综上所述，银行信贷扩张的期限错配难题放大、资本流入冲击的加剧，使得中国宏观调控成本空前加大，无法继续有效应对保增长与实现金融稳定和低通胀的两难选择。这一切都标志着作为与出口导向型工业化相配套的制度安排，动员性货币金融体制已经适应不了增长方式转变的风险控制需要。

（三）动员性货币金融体制市场化转型和增长方式转变的风险控制

中国在改革开放之初，选择动员性货币金融体制目的在于突破低收入贫困陷阱对金融发展的需求约束，激励信贷扩张，动员储蓄，实现经济起飞。中国当时拥有干中学的经济增长源泉，特别是能够选择出口导向型工业化增长方式，并由此形成银行提前清算和流入资本再投资于美国国债市场两大信贷风险控制机制，保证动员性货币金融体制获得更佳的运行效果。由此可见，中国当时具备有效运行动员性货币金融体制两个条件：一是面临低收入贫困陷阱，需动员储蓄，促进资本积累，实现经济起飞。二是拥有干中学的经济增长源泉，并能够选择出口导向型工业化作为经济增长方式，有效控制国家隐性担保下的信贷扩张风险。从理论上讲，有效运行动员性货币金融体制的两个条件只要有一个丧失，就需要进行市场化转型。结合政府干预金融发展的比较研究，可以把选择和放弃动员性货币金融体制的有关条件概括为表3-2。

不过，随着丧失的有效运行条件不同，动员性货币金融体制市场化转型的方向和重点也大相径庭。现在来考虑理论上的三种情形。假定一个选择动员性货币金融体制的经济体分别具有如下的经济增长新条件：一是突破低收入贫困陷阱，实现经济起飞的任务已经完成，拥有干中学的经济增长源泉，并且出口导向型工业化增长方式仍能有效运转。二是突破低收入贫困陷阱，实现经济起

表3－2　政府干预金融发展比较研究

经济增长和金融发展初始条件：是否面临低收入贫困陷阱	政府干预金融发展的方式	政策目的	是否拥有干中学的经济增长源泉，并能够选择出口导向型工业化增长方式	动员性货币金融体制运行效果	动员性货币金融体制市场化转型时机选择	
					是否已突破金融发展的需求约束瓶颈（在模型中体现为 $K_t < K_0^*$）	是否出现干中学的经济增长源泉枯竭，出口导向型工业化运转失灵现象
是，在模型中体现为 $K_0 < K_0^*$	选择动员性货币金融体制（以东亚和拉美后起经济体为代表）	突破金融发展的需求约束瓶颈，弥补金融欠发达的第一种低效率，激励储蓄，动员储蓄扩张、动员信贷扩张，实现经济起飞。其中，低利率机制还可独立发挥作用，补贴投融资，激励金融服务，降低成本，融体系运行效率，弥补第二种低效率	是	好，由此获得银行提前清算和流入资本再投资于发达经济体资本市场两大信贷风险控制机制，可有效缓和集中性信贷均衡的逆选择问题，由东亚经济体货币金融发展和经济增长为代表	是，需适时进行市场化转型	是，需适时进行市场化转型
否	提供低利率补贴投融资、激励金融服务（以先行经济体为代表）	只用来降低金融体系运行成本，弥补金融欠发达经济体的第二种低效率	否	差，不能获得相应的信贷风险控制机制，由拉美经济金融体制扭曲以及计划经济增长体制和弱金融体制和弱经济增长代表	否	否

飞的任务已经完成，同时仍拥有干中学的经济增长源泉，但出口导向型工业化增长方式运转失灵。三是突破低收入贫困陷阱，实现经济起飞的任务已经完成，同时出口导向型工业化增长方式运转失灵，也不再拥有干中学的经济增长源泉。

考虑到动员性货币金融体制实质上就是由国家提供金融中介免于破产的隐性担保、信贷利率管制和信贷利率补贴相配合复制低利率信贷集中性均衡，对待上述前两种经济情形，动员性货币金融体制市场化转型的方向和重点基本相同，那就是推进存贷利率市场化，实现利率差别化定价的信贷分离均衡。这是因为，在集中性信贷均衡中，投资项目无论风险高低均支付相同利率，不可避免地激励国家隐性担保下的信贷扩张过度。那么，随着突破低收入贫困陷阱，实现经济起飞的任务已经完成，不再需要通过激励国家隐性担保下的信贷扩张来动员储蓄，理应实现信贷分离均衡，有效抑制动员性货币金融体制带来的信贷扩张过度。上述两种经济情形还同样拥有干中学的经济增长源泉，但后者出口导向型工业化增长方式已经运转失灵。很显然，这两种经济情形的真正区别在于前者由于出口导向型工业化增长方式仍能有效运转，可以通过发达经济体具有足够深度和宽度的金融市场，实现信贷风险转移，而后者就做不到这一点。不过，只要拥有干中学的经济增长源泉，后起经济体通过信息交流而非资本流动等方式仍能从外部引进技术，带动国内要素和资本积累。此时，由于经济的不确定性主要集中在产品生产上，并可通过干中学带来的学习效应逐步降低，后起经济体通过形成信贷分离均衡，就能够有效替代国家隐性担保下的信贷扩张，更好地实现储蓄动员。

第三种经济情形则更加特殊，后起经济体不仅出口导向型工业化增长方式运转失灵，而且连干中学的经济增长源泉也不再拥有。干中学的经济增长源泉枯竭意味着后起经济体无论通过何种方式，也不再能够借助外部技术引进，带动国内要素和资本积累，从而需适时推动自主技术创新，发展自主品牌和营销渠道，提升自身承担总部经济职能的能力，才能缓解增长动力不足的难题。此外，为了降低技术创新成本，还必须培育城市化载体，发挥技术创新的外溢效应。

在转变经济增长方式和培育新增长动力过程中，后起经济体经济风险状况将会发生极大改变。一方面，由于推动自主技术创新、发展自主品牌和营销渠道、提升自身承担总部经济职能的能力，后起经济体在技术创新和市场销售上的不确定性无疑将急剧上升。另一方面，干中学的经济增长源泉枯竭也会提高产品生产的不确定性。由此可见，面对经济增长方式转变和新增长动力培育给后起经济体带来的经济风险整体攀升，仅仅实现信贷分离均衡是不够的，还必须大力发展资本市场，才能有效控制金融风险。这是因为，只有拥有了具备足够深度和宽度的资本市场，才能通过资产组合复制各种类型的经济风险，并对其进行有效定价。换言之，在经济风险整体攀升的情况下，决定经济增长和风险控制质量的主要不是货币金融体制的储蓄动员能力，而是以风险定价为基础的资本配置效率。很显然，依赖以短放长的信贷扩张配置资本，势必遭遇严重的期限错配难题，制约资本配置效率的提高。

对比上述三种经济情形和相应的最优金融发展政策，可以确认中国目前的经济增长和金融发展正处于第二种情形向第三种情形过渡阶段。2003 年，中国人均 GDP 达到 1000 美元，开始步入中等收入国家行列，一举突破低收入贫困陷阱，成功地实现了经济起飞。2008 年下半年发端于美国的国际金融危机爆发启动了全球经济再平衡过程，也严重妨碍了出口导向型工业化增长方式的有效运转。本次国际金融危机源于对美国技术进步、经济增长和金融发展潜力的过度高估。这就表明，发达经济体特别是美国并非总能有效承担经济职能，成为全球经济的技术来源和终端消费市场，从而对类似中国这样的后起经济体提出了转变经济增长方式的迫切要求。随着经济增长的持续，包括劳动力在内的国内要素价格飙升，特别是 2015 年左右中国"人口红利"的行将结束，中国干中学的经济增长源泉正在迅速枯竭。总的说来，中国目前处于突破低收入贫困陷阱、实现经济起飞的任务已经完成、出口导向型工业化增长方式运转开始失灵、干中学的经济增长源泉行将枯竭的经济增长和金融发展阶段，迫切需要实现动员性货币金融体制市场化转型，有效转变经济增长方式。

事实上，中国出口导向型增长方式转变和动员性货币金融体制市场化转型早已开始。其中，增长方式转变在培育城市化载体方面已经先行一步。如图 3-10 所示，就全国范围而言，1991～2010 年，各大产业产出对实际 GDP 增长拉动力变化特点可概括如下：一是第一产业带来的实际增长率一直较低，除个别年份，都在 1% 以下。二是第二产业带来的实际增长率在经历了 1992～1994 年 9% 的高点后，一度有所下滑，2001 年降至 3.9% 的低点，此后再度回升，多数年度保持在 5% 以上。三是工业产出拉动力变动趋势和第二产业的基本相同，只是水平略低。四是第三产业带来的实际增长率变动更为突出。自 2001 年第三产业产出拉动力第一次超过第二产业和工业产业产出同类指标之后，一直在高位运行，尽管仍低于第二产业拉动力，但超过半数的年份已高于工业产出拉动力。由于第二产业由工业和建筑业共同组成，第三产业与第二产业特别是工业在实际增长中作用的此消彼长，可能反映了中国经济增长动力正在发生悄然的变化，在原有的工业化基础上，增添了与建筑业和第三产业关系更为密切的城市化发展新内容。这一点在以江苏省为代表的国内发达地区各大产业产出拉动力变动趋势上体现得更为明显。如图 3-11 所示，1991～2010 年，就江苏省范围而言，除了工业带来的实际增长保持在 4.5% 的高水平上外，早在 20 世纪 90 年代初，第三产业带来的实际增长就同第二产业产出拉动力保持了基本相同的变化趋势，只是水平略低而已。

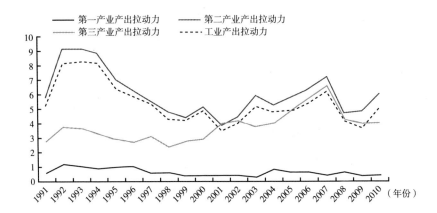

图 3 – 10　中国各大产业产出拉动力

资料来源：相关数据来自 CEIC，GDP 数据根据生产法核算。

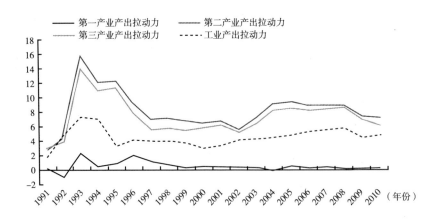

图 3 – 11　江苏省各大产业产出拉动力

资料来源：相关数据来自《江苏统计年鉴》（2010），GDP 数据根据生产法核算。

中国金融体制市场化改革自 2005 年起加速了，有关措施包括利率市场化改革（含信贷利率市场化改革和债券市场的发展），人民币实行以市场供求为基础、参考一篮子货币进行调节、有管理的浮动汇率制度以及股权分置改革等内容。一是信贷利率市场化改革加速。长期以来，中国实行信贷利率管制。金融机构贷款利率种类、水平、浮动幅度均受到严格的管制，相应的利率调整周期也较长，可达 2～3 年。信贷利率市场化改革滞后状况直到 2004 年 10 月以后除城乡信用社的贷款利率上浮限制取消才有所改观。2007 年利率调整频率也明显加快，达 6 次之多。二是人民币外汇管理体制的放松和资本对外开放力度加大。三是股权分置改革的启动。2005 年 4 月 29 日，中国证监会启动了股权分置改革。截至 2007 年底，股权分置改革基本完成。股权分置改革的完成使国有股、法人股、流通股利益分置、价格分置的问题不复存在，各类股东享有相同的股份上市流通权和股价收益权，各类股票按市场机制定价，并成为各类股东共同的利益基础。因此，股权分置改革为中国资本市场进一步发挥优化资本配置功能奠定了市场化基础，使中国资本市场在市场基础制度层面上与国际市场不再有本质的差别。

然而，中国迄今为止的动员性货币金融体制市场化转型在控制增长方式转变风险方面尚未取得很好的效果。究其原因，2005 年的金融改革实质就是原有体制极强资源动员能力未发生根本改变情况下，引入了具有一定资产定价功能的金融市场，特别二级证券市场。在这样的金融体制下，一方面，货币供给依然过于宽松，银行信贷依然过度扩张，在银行提前清算和流入资本再投资于美国国债市场两大金融风险控制机制失灵的条件下，还会导致流动性泛滥；另一方面，国内资本市场特别是二级证券市场深度和宽度不足，使其不能在缓和期限错配问题上发挥根本性作用。正是由于国内资本市场特别是二级证券市场深度和宽度不足，无法充分吸收国内信贷扩张和国际资本流入创造的流动性，这些过剩的流动性就不得不集中在房地产市场上，造成国内信贷风险特别是以房地产为抵押和担保的信贷风险暴露过度。同样重要的是，流动性泛滥导致的资产价格重估扭曲反过来也会损害城市化发展潜力，并阻碍经济增长方式转型，直至最终引发国内信贷风险特别是以房地产为抵押和担保的信贷风险失控。由引入二级证券市场引发的资产价值重估一度使得除了融资成本外，几乎所有生产要素都面临相反方向的过度调整趋势。从表面上看，这样的资产价值重估降低了融资成本，似乎有利于城市化和技术创新。但是，其他生产要素价格的过度上涨可能会阻碍生产要素空间聚集，损害城市化对经济增长的带动作用，并削弱自主技术创新激励。这是因为，资产价值重估所带来的融资成本降低和其他要素价格高估的双重效应，将只是有利于城市化的数量扩张和企业固定资产投资带动的体现式技术进步，激励企业在资产市场实现套利，并不可能由此产生以城市化为载体的技术创新外溢效应，降低技术创新成本，形成新增长动力。很显然，这样的市场化转型并未使得动员性货币金融体制发生根本性变化，中国城市化进程至多是推迟国内以房地产为抵押和担保的信贷风险，并不能阻止其最终的风险失控。

中国 2005 年以来动员性货币金融体制市场化转型在控制增长方式转变风险方面未取得预期效果，再次证实了我们对后起经济体处于上述第三种经济情形所应采取的金融发展政策判断。具体地讲，当面临经济起飞任务完成、出口导向型工业化运转失灵和干中学增长源泉行将枯竭的经济增长和金融发展新条件时，有效实现动员性货币金融体制市场化转型，必须在实现信贷分离均衡基础上，稳健推进资本市场发展。否则，资本流入冲击加剧和银行信贷过度扩张引发的流动性泛滥使得深度和宽度本已不足的证券市场更加雪上加霜，无法为城市化和技术创新提供有效融资。

因此，为了顺利实现动员性货币金融体制市场化转型，有效控制增长方式转变风险，应采取如下一系列措施：

一是继续深化利率市场化特别是金融机构存贷利率市场化改革。只有这样，才能在取消存贷利率管制、实现信贷分离均衡基础上，逐步消除对存贷利差的国家隐性担保，抑制银行信贷过度扩张。

二是在坚持和完善资本流动管制的前提下，渐进调整人民币实际有效汇率，逐步实现全球经济再平衡，直至最终实行更加灵活的人民币汇率制度，消除对人民币汇率的国家隐性担保。尽管由央行集中承担汇率风险，对人民币汇率提供国家隐性担保目的在于激励出口导向型工业化发展，随着经济增长方式转变的不断深入，对人民币汇率的国家隐性担保的价值将不复存在。但相比对存贷利差的国家隐性担保，消除对人民币汇率的国家隐性担保更难一步到位。这首先是由中国汇率风险暴露规模决定的。截至 2011 年 7 月底，金融机构外汇占款高达 24.89 万亿元。相反，即使按 45% 的以房地产为抵押和担保的贷款最高比重计算，同期金融机构相应贷款规模也只有 23.35 万亿元。至于金融机构同期证券投资规模更是只有 8.99 万亿元。如果用国内信贷规模衡量，金融机构外汇占款规模更加突出。金融机构外汇占款接近国内信贷的 50%，而由国有商业银行和股份制银行组成的主要商业银行不良贷款率即使在 2002 年末的高点也只有 25%。其次，中国通过将流入资本再投资于美国国债市场、实现国内信贷风险转移也是建立在美国货币和债务（过度）扩张的基础之上，对全球经济失衡美国的责任无疑更大。因此，采取人民币名义汇率一次调整到位的方式纠正全球经济失衡，不仅不一定会取得预期效果，而且还使得中国立即遭受严重的汇兑和对外投资损失，单方面承担全球经济再平衡的调整成本。相反，如果坚持中国通货膨胀率以略高于世界的特别是美国的速度增长，再结合人民币名义汇率的渐进升值，以时间换空间，中国完全可以在合理分担成本的条件下最终实现金融机构的对外风险有效控制，并为纠正全球经济失衡做出自己应有的贡献。

三是借助清理地方融资平台提供的契机，深化国有企业改革，打破国企的行政垄断地位，大力推进固定收益类证券市场，即债券市场的发展，便利城市化融资。清理地方融资平台促进了地方国有企业债和市政债的分离。这一方面有助于发展市政债市场，为市政建设提供更为有效的融资服务；另一方面，也对深化国有企业改革、打破国企的行政垄断地位提出了要求。否则，如果国企凭借行政垄断地位，坐享租金，势必会损害整体经济效率，并妨碍企业债市场的整体发展。深化国企改革的逻辑更加适用于中央一级的国企。20 世纪 90 年代的国企改革虽然在竞争性行业实现了国退民进的战略目标，但以交通、通信、能源和资源等为代表的部分垄断部门却得以保留，并形成条块分割的行政管理体制。部分源于条块分割的行政管理体制、上述垄断部门的基础设施布局不尽合理以及偏高的垄断服务收费，无疑会阻碍区域间和城市间的功能对接。因此，只有打破中央一级国企的垄断地位，实现更加充分的市场竞争，并在此基础上发展配套的企业债市场，才能为城市化提供更加有效融资方式。很显然，企业债和市政债市场的发展在便利城市化融资的同时，也成为证券市场深度和广度拓展的关键。

四是结合包括股票市场在内的多层次资本市场的发展，全面提升金融机构的投资银行职能，有效控制增长方式转变，特别是技术创新带来的金融风险。简要回顾一下先行经济体经历的技术革命和主要（金融）组织方式，可以发现，投资银行业的兴起与铁路等基础设施建设和产业转变为资本密集的重工业（包括煤炭、钢铁生产、电气和通用工程、重化工业等）密切相关。这是因为，基础设施建设和重工业发展均涉及期限长、规模大和不确定性程度高的投资项目，主要由商业银行来管理这类投资项目的风险将面临过于昂贵的提前清算成本。相反，如果将长期投资项目分解成无数个短期，再通过每一期的信息生产确立相应的投资止损点，不断进行投资机会选择，可有效降低进行一次性的集中投资可能带来的提前清算成本，起到控制金融风险的作用。这正是投资银行业务的本质。为了准确地确立投资止损点，还必须发展具有足够深度和宽度的资本市场，实现风险有效定价。然而，金融机构的投资银行职能提升，特别是资本市场发展却不能够通过提供国家隐性担保的方式来实现。这是因为，资本市场实现风险有效定价除了其自身具有足够的深度和宽度能够有效复制经济风险外，融资活动间还不能存在过于严重的行为扩散和传染现象。而对资本市场发展提供国家隐性担保恰恰会导致融资行为整齐划一，形成严重的系统风险。因此，发展资本市场必须从完善上市公司和市场中介的治理、有效保护投资者利益入手。应该说，中国在完善上市公司内部治理特别是信息披露方面已取得了一定程度的进步。继实行会计准则指导下的企业财务信息披露制度之后，财政部等 5 部委又颁布了《企业内部控制基本规范》和企业内部控制配套指引，从风险控制角度规范了对企业治理结构的非财务信息披露。《企业内部控制基本规范》特别强调对企业内部和外部风险识别和评估，制定相应风险控制措施以及促进企业内部信息生产和流动，提高风险控制质量等工作的重要性。《企业内部控制应用指引第 1 号——组织架构》等 18 项应用指引更是进一步细化了对企业风险控制的要求，对企业组织构架、发展战略、人力资源、社会责任、企业文化、资金活动、采购业务、资产管理、销售业务、研究与开发、工程项目、担保业务、业务外包、财务报告、全面预算、合同管理、内部信息传递和信息系统等 18 个方面可能存在的风险点进行了揭示。由此可见，中国在完善上市公司内部治理特别是信息披露方面已建立了必要规范，现在需要加强其执行和后续完善。至于对市场中介的监管，必须结合商业银行的全能制改造，跟上国际金融监管实践的发展趋势。这一点将在涉及配合利率市场化改革的商业银行改制的有关内容中进一步阐述。

五是在完善对资本市场中介监管的基础上，逐步将中国现有的商业银行改造成全能银行。随着对存贷利差的国家隐性担保的消除，由于首先需要建立显性的存款保险制度，信贷规模收缩也可能会冲销部分风险准备金，无疑将冲击银行的资本充足率。不过，与此同时，如果允许发展全能银行制度，存贷利率市场化改革的推进也给传统的商业银行开辟了新的营收渠道，考虑到银行在营业网点和客户信息等方面的优势，其完全可以在发展投资银行业务以及服务于资本市场上形成新的竞争力，从而减轻利率市场化改革可能带来的风险。很显然，将中国现有的商业银行改造成全能银行是遵循了以欧洲大陆特别是德国为代表的银行主导金融体制模式，全能银行极有可能成为最重要的资本市场中介，需要对其实施必要的监管。正如约翰·C. 科菲（2011）所指出的那样，公司内部治理是否能够发挥控制风险的作用，关键还在于被称为"看门人"的资本市场中介是否能够真正尽到信托责任，向投资者提供高质量的信息披露①。约翰·C. 科菲（2011）将"看门人"定义为"那些以自己职业声誉为担保向投资者保证发行证券品质的各种市场中介机构"，主要包括审计师、律师、证券分析师和信用评级机构等，也包括公司并购中的财务顾问，公司上市中的保荐人等②。很显然，考虑到投资者与上市公司间的信息鸿沟，只有这些市场中介真正尽到看门人的责任，保证投资者手中拥有高质量的信息，并促进证券价格准确度的提高，才能有效激励公司改善内部治理和风险控制。这一点已为国际金融监管实践所证实。比如，在安然丑闻后，美国通过了《萨班斯－奥克斯利法案》，对于看门人职业之一的会计师进行大力整治；针对本次金融危机，美国又在努力推行一揽子金融监管体制改革计划，寻求对于资产证券化和资信评级机构的有效监督办法。

六是发展和完善中国金融宏观审慎监管制度，更多地运用市场化的货币政策工具调控证券市场发展可能带来的利率或证券价格风险。考虑到资本市场融资活动的行为扩散和传染具有典型的负外部性，仅仅依赖对上市公司和市场中介治理的微观监管，资本市场依然可能无法实现风险有效定价。中国只有结合金融宏观审慎监管的完善，才能实现资本市场最优发展。具体地讲，伴随着金

---

① 〔美〕约翰·C. 科菲：《看门人机制：市场中介与公司治理》，黄辉等译，北京大学出版社，2011，第 2~5 页。
② 〔美〕约翰·C. 科菲：《看门人机制：市场中介与公司治理》，黄辉等译，北京大学出版社，2011，第 2~5 页。

融机构投资银行职能的全面提升和证券市场的配套发展，利率或证券价格风险越来越可能成为重要的系统风险来源，需引起金融宏观审慎监管的关注，并考虑最终将资产价格稳定纳入货币政策目标。与此同时，存贷利率市场化的推进、证券市场特别是债券市场的发展，也为中央银行更多运用利率这样的市场化工具调控此类系统风险创造了有利条件。

概括起来，上述六种措施主要涉及两方面内容，一是以实现信贷分离均衡为核心，分别消除对存贷利差和人民币汇率的国家隐性担保，限制原有体制的资源动员能力，抑制信贷扩张和对外金融风险暴露过度。二是从完善上市公司和市场中介的治理、有效保护投资者利益入手，并结合中国金融宏观审慎监管制度改进，拓展资本市场的深度和宽度。很显然，只有将这些因素结合起来，才能有效控制增长方式转变的风险，为技术创新和城市化提供融资便利。

综上所述，直至 2008 年国际金融危机爆发，出口导向型工业化增长方式还能够顺利运转，中国通过银行提前清算和流入资本再投资于美国国债市场，并得到植根于反周期宏观调控的金融宏观审慎监管配合，有效地控制了金融风险。然而，随着增长方式转变带来的整体经济风险程度的提高，银行提前清算成本攀升和资本流入冲击加剧使得中国动员性货币金融体制风险控制机制面临全面失灵的危险，需适时进行市场化转型。动员性货币金融体制市场化转型的关键是在消除对存贷利差的国家隐性担保，在实现信贷分离均衡的基础上，稳健推进资本市场发展。只有这样，才能抑制国家隐性担保下的信贷过度扩张，并对金融风险有效定价，为创新和城市化提供融资便利。

四　小结

对政府干预金融发展的简要国际比较验证了我们从上一章模型中获得的关

于动员性货币金融体制有效运行的相关条件。具体地讲，一个经济体要能够有效运行动员性货币金融体制，必须具备两个条件：一是面临低收入贫困陷阱，需动员储蓄，促进资本积累，实现经济起飞。二是拥有干中学的经济增长源泉，并能够选择出口导向型工业化作为经济增长方式，从而有效控制国家隐性担保下的信贷扩张风险。由此可见，只有当后起经济体拥有干中学的经济增长源泉，并能够选择出口导向型工业化时，选择动员性货币金融才能成为最优金融发展政策。东亚和拉美后起经济体金融发展和经济增长绩效差异充分证实了这一点。

鉴于兼有转轨和发展的双重特征，动员性货币金融体制在中国的发展过程更为复杂。首先，中国在转轨初期面临的低收入贫困陷阱更加突出，以致选择动员性货币金融体制的理由更为充分。其次，中国从计划经济时期承接的财政、信贷资金分口管理体制使得发展动员性货币金融体制过程相对复杂。

在计划经济时期，由于储蓄动员通过高度集中的价格、工资、金融体制系统压低生产要素报酬方式进行，银行信贷扩张在原则上被排除在固定资产投资活动之外，并由此实行了财政、信贷资金分口管理体制和大一统的银行体系。正是从打破财政、信贷资金分口管理体制和大一统的银行体系开始，经过中央银行 – 商业银行二级银行体系的完善，在控制中的资本市场发展和渐进的外汇管理体制改革和金融对外开放，中国动员性货币金融体制得以形成，其机制就是由国家提供金融中介免于破产的隐性担保、信贷利率管制和信贷利率补贴相配合复制低利率信贷集中性均衡。对金融中介免于破产的国家隐性担保实质又是对存贷利差提供的担保，起到保证银行赢利能力、补充资本金的作用。由此可见，对存贷利差的国家隐性担保和扩张性的货币政策相配合可以激励国家隐性担保下的银行信贷扩张，动员储蓄。至于压抑资本市场发展以及实行必要的资本流动管制则是保证储蓄主要通过信贷扩张方式进行动员的配套制度安排。

同样重要的是，中国市场化改革和选择出口导向型工业化增长方式促进了动员性货币金融体制风险的有效控制。中国市场化改革降低了价格扭曲程度，使得投资项目质量能够及时显现，也为通过银行提前清算控制信贷风险提供了可能。在此基础上，进一步选择了出口导向型工业化增长方式，更是由此获得有利于国家隐性担保下的银行信贷扩张风险控制的微观和宏观机制：一是在微观上，出口导向型工业化或干中学的经济增长在产品市场结构上倾向于竞争性，造成投资项目具有数量多、期限短、规模小和不确定程度低等一系列特点，保证了银行可以通过提前清算控制金融风险。二是在宏观上，通过将经常项目顺差和其他各种形式流入资本再投资于美国国债市场，能够转移风险，并有效抑制银行信贷扩张规模。正是由于获得了银行提前清算和流入资本再投资于美国国债市场两大风险控制机制，并得到植根于反周期宏观调控的金融宏观审慎监管的有力配合，动员性货币金融体制虽然会带来一系列扭曲，但还是卓有成效地控制金融风险，从而使得货币金融扭曲并未阻碍金融发展和经济增长。根据对2011年7月截面数据的资产负债分析，可以更加清楚地揭示中国动员性货币金融体制扭曲对金融部门风险暴露的影响。概括起来，中国动员性货币金融体制扭曲主要包括3个方面：①对存贷利差提供国家隐性担保，并在扩张性货币支持下，激励银行体系信贷扩张，动员储蓄。②为了保证国家隐性担保下的信贷扩张动员储蓄的效果，压抑资本市场发展。③对人民币汇率提供国家隐性担保，实行实质上的固定汇率制，由央行集中承担汇率风险，激励出口导向型工业化发展。动员性货币金融体制这一系列扭曲造成中国金融部门部分风险暴露过度。具体地讲，存贷利差的国家隐性担保可能引发银行信贷扩张过度，形成国内信贷风险暴露。人民币汇率的国家隐性担保在激励出口导向型工业化发展的同时，也会导致汇率和对外投资等对外风险暴露过度。不过，只要出口导向型工业化增长方式能够顺利运转，银行提前清算和流入资本对美国国债市场的再投资两大机制就可以有效发挥作用，把金融部门风险暴露约束在可控范围之内。

然而，包括劳动力在内的国内要素价格飙升，特别是 2008 年下半年国际金融危机爆发加剧了中国转变出口导向型工业化增长方式的压力，也造成中国经济风险程度骤升，使得动员性货币金融体制风险控制机制面临全面失灵危险。首先，在增长方式转变过程中，投资重点和特点的变化将加剧银行信贷扩张的期限错配难题，提高银行提前清算控制国内信贷风险的成本。其次，全球经济再平衡的启动，不仅加大了中国将流入资本再投资于美国国债市场转移国内信贷风险的难度，而且还会加剧资本流入冲击，进而造成汇率风险和对外投资风险失控。最后，随着银行提前清算和流入资本再投资于美国国债市场这两大传统金融风险控制机制的失灵，中国宏观经济政策面临更加艰难的保增长与实现金融稳定和低通胀的抉择。考虑到中国目前面临经济起飞任务完成，出口导向型工业化运转失灵和干中学增长源泉行将枯竭的经济增长和金融发展新条件，必须在实现信贷分离均衡基础上，稳健推进资本市场发展，有效实现动员性货币金融体制市场化转型。

第四章 | **结论**

　　本书运用一个引入资本品生产不确定性和信贷约束的干中学世代交叠模型，刻画中国出口导向型工业化增长方式同动员性货币金融体制之间的相互匹配关系。在此基础上，结合政府干预金融发展的比较研究，特别是来自中国的动员性货币金融体制的发展经验，我们能够较好地反映低收入贫困陷阱对后起经济体在经济起飞时期选择动员性货币金融体制的决定性影响，并可以由此进一步揭示保证其良好运行的条件、市场化转型时机和技术路径。

　　（1）国家隐性担保下的信贷扩张构成动员性货币金融体制的核心机制。具体地讲，就是由国家提供金融中介免于破产的隐性担保、信贷利率管制和信贷利率补贴相配合复制低利率信贷集中性均衡。对金融中介免于破产的国家隐性担保实质又是对存贷利差提供的担保，起到保证银行赢利能力、补充资本金的作用。很显然，对存贷利差的国家隐性担保和扩张性的货币政策相配合就可以激励国家隐性担保下的银行信贷扩张，动员储蓄。

（2）只有当后起经济体拥有干中学的经济增长源泉，并能够选择出口导向型工业化时，选择动员性货币金融才能成为最优金融发展政策。一个经济体要能够有效运行动员性货币金融体制，必须具备两个条件：①面临低收入贫困陷阱，需动员储蓄，促进资本积累，实现经济起飞。②拥有干中学的经济增长源泉，并能够选择出口导向型工业化作为经济增长方式，从而有效控制国家隐性担保下的信贷扩张风险。不过，这些条件对选择动员性货币金融体制的影响是不一样的。前者反映的是选择动员性货币金融体制的必要性，后者则保证动员性货币金融体制形成有效的信贷风险控制机制，获得更好的运行效果，其中，干中学的经济增长源泉有助于形成银行提前清算的风险控制机制，对出口导向型工业化增长方式的选择，还可以通过将流入资本再投资于美国国债市场的方式实现信贷风险转移。正是由于对是否选择出口导向型工业化增长方式存在差异，东亚和拉美后起经济体金融发展和经济增长绩效也大相径庭。

（3）中国在改革开放之初，选择动员性货币金融体制的经济理由更加充分，发展过程更为复杂。首先，正是从打破财政、信贷资金分口管理体制和大一统的银行体系开始，经过中央银行－商业银行二级银行体系的完善，在控制中的资本市场发展和渐进的外汇管理体制改革和金融对外开放，中国动员性货币金融体制得以形成。其次，中国市场化改革降低了价格扭曲程度，使得投资项目质量能够及时显现，为通过银行提前清算控制信贷风险提供了可能。在此基础上，进一步选择了出口导向型工业化增长方式，也为实现信贷风险对外转移创造了条件。

（4）来自中国的发展经验再次证实，作为一种与出口导向型工业化增长方式最为匹配的体制，尽管动员性货币金融体制会带来一系列扭曲，引发银行信贷扩张和对外金融风险暴露过度，但只要出口导向型工业化增长方式仍能顺利运转，就可以有效控制国家隐性担保下的信贷扩张风险。这就是包括中国在内的东亚后起经济体货币金融扭曲并没有阻碍金融发展和经济增长的根源。

（5）中国目前面临经济起飞任务完成，出口导向型工业化运转失灵和干中学增长源泉行将枯竭的经济增长和金融发展新条件，必须在实现信贷分离均衡基础上，稳健推进资本市场发展，有效实现动员性货币金融体制市场化转型。只有这样，才能既有效抑制银行信贷过度扩张，又为创新和城市化提供融资便利。

参考文献

［1］奥斯卡·兰格：《社会主义经济理论》，王宏昌译，中国社会科学出版社，1981。

［2］布赖恩·斯诺登、霍华德·文、彼得·温纳齐克：《现代宏观经济学指南——各思想流派比较研究引论》，苏剑等译，商务印书馆，1998。

［3］蔡社文：《我国社会保障支出水平分析》，《预算管理会计月刊》2007年第7期。

［4］曹远征、马骏：《问计国家资产负债表》，《财经》2012年6月。

［5］常欣：《中国资产负债表评估：地方政府部门分报告》，中国社会科学院经济研究所工作讨论稿，2011。

［6］曹尔阶、李敏新、王国强：《新中国投资史纲》，中国财政经济出版社，1992。

［7］陈昌兵：《贸易余额的影响机制及计量分析》，中国社会科学院经济研究

所工作论文稿，2009。

[8] 陈晓、单鑫：《债务融资是否会增加上市公司融资成本？》，《经济研究》1999 年第 9 期。

[9] 陈小悦、肖星、过晓艳：《配股权与上市公司利润操纵》，《经济研究》2000 年第 1 期。

[10] 陈雨露、马勇：《社会信用文化、金融体系结构与金融业组织形式》，《经济研究》2008 年第 3 期。

[11] 大卫·兰德斯：《解除束缚的普罗米修斯》，谢怀筑译，华夏出版社，2007，第 2 版。

[12] 樊明太：《金融结构及其对货币传导机制的影响》，《经济研究》2004 年第 7 期。

[13] 葛致达：《财政、信贷与物资的综合平衡问题》，《经济研究》1963 年第 10 期。

[14] G. M. 格罗斯曼、E. 赫尔普曼：《全球经济中的创新与增长》，何帆等译，中国人民大学出版社，2002。

[15] 黄达：《财政信贷综合平衡导论》，中国金融出版社，1984。

[16] 黄达、周升业：《什么是信用膨胀，它是怎样引起的？》，《经济研究》1981 年第 11 期。

[17] 黄志忠、陈龙：《中国上市公司赢利成长规律实证分析》，《经济研究》2000 年第 12 期。

[18] 姜国华、王汉生：《上市公司连续两年亏损就应该被"ST"吗？》，《经济研究》2005 年第 3 期。

[19] 蒋跃：《当前流动资金短缺机制及其缓解对策》，《经济研究》1986 年第 5 期。

［20］卡尔·E. 瓦什：《货币理论与政策》，陈雨露等译，中国人民大学出版社，2001。

［21］卡罗塔·佩蕾丝：《技术革命与金融资本——泡沫与黄金时代的动力学》，田方萌等译，中国人民大学出版社，2002。

［22］李富强、董直庆、王林辉：《制度主导、要素贡献和我国经济增长动力的分类检验》，《经济研究》2008 年第 4 期。

［23］林继肯：《坚持货币的经济发行》，《经济研究》1981 年第 1 期。

［24］林毅夫、蔡昉、李周：《中国的奇迹：发展战略与经济改革》，三联书店，1999。

［25］刘霞辉：《论中国经济的长期增长》，《经济研究》2003 年第 5 期。

［26］鲁道夫·希法亭：《金融资本》，福民等译，商务印书馆，1994。

［27］罗纳德·I. 麦金农：《经济发展中的货币与资本》，卢骢译，三联书店，1988。

［28］罗纳德·I. 麦金农：《经济市场化的次序：向市场经济过渡时期的金融控制》，周庭煜等译，三联书店，1997。

［29］陆正飞、叶康涛：《中国上市公司股权融资偏好分析——偏好股权融资就是缘于融资成本低吗?》，《经济研究》2004 年第 4 期。

［30］吕江林：《我国的货币政策是否应对股价变动做出反应?》，《经济研究》2005 年第 3 期。

［31］M. 宾斯维杰：《股票市场，投机泡沫与经济增长》，张建森译，三联书店，2003。

［32］尼尔斯·赫米斯、罗伯特·伦辛克：《金融发展与经济增长——发展中国家（地区）的理论与经验》，余昌淼等译，经济科学出版社，2001。

［33］皮埃尔·理查德·阿根诺、彼得·J. 蒙蒂尔：《发展宏观经济学》，陶然

等译，北京大学出版社，2004，第 2 版。

[34] 平新乔、李自然：《上市公司再融资资格的确定与虚假信息披露》，《经济研究》2003 年第 2 期。

[35] 钱彦敏：《论企业外部性行为与货币政策效率》，《经济研究》1996 年第 2 期。

[36] 尚明、吴晓灵、罗兰波：《银行信用管理与货币供应》，中国人民大学出版社，1992。

[37] 沈艺峰、田静：《我国上市公司资本成本的定量研究》，《经济研究》1999 年第 11 期。

[38] 石建民：《股票市场、货币需求与总量经济》，《经济研究》2001 年第 5 期。

[39] 世界银行：《东亚奇迹——经济增长与公共政策》，财政部世界银行业务司译，中国财政经济出版社，1994。

[40] 世界银行：《1996 年世界发展报告：从计划到市场》，财政部世界银行业务司译，中国财政经济出版社，1996。

[41] 世界银行：《东亚奇迹的反思》，王玉清等译，中国人民大学出版社，2000。

[42] 谈儒勇：《中国金融发展和经济增长关系的实证研究》，《经济研究》1999 年第 10 期。

[43] 谈儒勇：《金融发展理论与中国金融发展》，中国经济出版社，2000。

[44] 童盼、陆正飞：《负债融资、负债来源与企业投资行为——来自中国上市公司的经验证据》，《经济研究》2005 年第 5 期。

[45] 王广谦：《提高金融效率的理论思考》，《中国社会科学》1996 年第 4 期。

[46] 汪辉：《上市公司债务融资、公司治理与市场价值》，《经济研究》2003 年第 8 期。

[47] 王晋斌：《金融控制、风险化解与经济增长》，《经济研究》2000 年第 4 期。

[48] 王晋斌：《金融控制政策下的金融发展与经济增长》，《经济研究》2007 年第 10 期。

[49] 王一江：《经济改革中投资扩张和通货膨胀的行为机制》，《经济研究》1994 年第 6 期。

[50] 小罗伯特·E. 卢卡斯：《经济发展讲座》，罗汉等译，江苏人民出版社，2003。

[51] 谢平、罗雄：《泰勒规则及其在中国货币政策中的检验》，《经济研究》2002 年第 3 期。

[52] 西拉、蒂利、托特拉：《国家、金融体制与经济现代化》，吕刚译，四川人民出版社，2002。

[53] 亚历山大·格申克龙：《经济落后的历史透视》，张凤林译，商务印书馆，2009。

[54] 杨胜刚、朱红：《中部塌陷、金融弱化与中部崛起的金融支持》，《经济研究》2007 年第 5 期。

[55] 易纲：《中国的货币、银行和金融市场：1984～1993》，三联书店、上海人民出版社，1996。

[56] 易纲、林明：《理解中国经济增长》，《中国社会科学》2003 年第 2 期。

[57] 约翰·C. 科菲：《看门人机制：市场中介与公司治理》，黄辉等译，北京大学出版社，2011。

[58] 张杰：《渐进改革中的金融支持》，《经济研究》1998 年第 10 期。

[59] 张杰:《中国国有银行的资本金谜团》,《经济研究》2003 年第 1 期。

[60] 张磊:《后起经济体为什么选择政府主导型金融体制》,《世界经济》
2010 年第 9 期。

[61] 张兴胜:《经济转型与金融支持》,社会科学文献出版社,2002。

[62] 张卓元:《中国改革开放经验的经济学思考》,经济管理出版社,2000。

[63] 赵进文、黄彦:《中国货币政策与通货膨胀关系的模型实证研究》,《中
国社会科学》2006 年第 5 期。

[64] 赵志君:《金融资产总量、结构与经济增长》,《管理世界》2000 年第 3
期。

[65] 中国社会科学院经济研究所经济增长与宏观稳定课题组:《干中学、低
成本竞争机制和增长路径转变》,《经济研究》2006 年第 4 期。

[66] 中国社会科学院经济研究所经济增长与宏观稳定课题组:《金融发展与
经济增长:从动员性扩张向市场配置的转变》,《经济研究》2007 年第 4
期。

[67] 钟伟、宛圆渊:《预算软约束和金融危机理论的微观建构》,《经济研究》
2001 年第 8 期。

[68] 周叔莲、吴敬琏、汪海波:《充分发挥企业的主动性》,《人民日报》
1978 年 12 月 31 日。

[69] 周业安:《金融抑制对中国企业融资能力影响的实证研究》,《经济研究》
1999 年第 2 期。

[70] Ben S. Bernake and Mark Gerter, "Agency Costs, Net Worth and Business
Fluctuations", *American Economic Review* (79), 1989.

[71] Bencivenga, Valerie R. and Smith, Bruce D., "Deficits, Inflation and The
Banking System In Developing Countries: The Optimal Degree of Financial

Repression", *Oxford Economic Papers* (44), 1992.

[72] Benjamin M. Friedman, Kenneth N. Kuttner, Ben S. Bernake and Mark Gerter, "Economic Activity and the Short-Term Credit Markets: An Analysis of Prices and Quantities", *Brookings Papers on Economic Activity* (2), 1993.

[73] Boyreau-Debray, G., "Financial Intermediation and Growth: Chinese Style", *World Bank Policy Research Working Paper*, No. 3027, 2003.

[74] Carroll, Christopher D. and Weil, David N., "Saving and Growth: A Reinterpretation", *Carnegie-Rochester Conference Series on Public Policy* (40), 1994.

[75] Evans, Peter, *Embedded Autonomy: States and Industrial Transformation* (New Jersey: Princeton University Press, 1995).

[76] Gavin, Michael, Hausmann, Ricardo and Talvi, Ernesto, "Saving Behavior in Latin America: Overview and Policy Issues", *Inter-American Development Bank, Office of the Chief Economist Working paper*, No. 346, 1997.

[77] Hellmann, T., K. Murdock and J. Stiglitz, "Financial Restraint: Toward a New Paradig", forthcoming in M. Aoki, M. Okuno-Fujiwara and H. Kim eds, *The Role of Government in East Asian Economic Development, Comparative Institutional Analysis* (New York: Oxford University Press, 1996).

[78] IMF, People's Republic of China: Financial System Stability Assessment, *IMF Country Report*, No. 11/321, 2011.

[79] J. C. Berthelemy and A. Varoudakis, "Economic Growth, Convergence Clubs, and The Role of Financial Development", *Oxford Economic Papers* (48), 1996.

[80] Jeremy Greenwood and Boyan Jovanovic, "Financial Development, Growth,

and The Distribution of Income", *Journal of Political Economic* (98), 1990.

[81] Maxwell J. Fry, "In Favour Of Financial Liberalisation", *Economic Journal* (107), 1997.

[82] Mckinnon, Ronald I., *Money and Capital in Economic Development* (Washington D. C: The Brookings Institution, 1973).

[83] Mckinnon, Ronald I., *The Order of Economic Liberalization*, 2nd ed, (Baltimore, Md. : The Johns Hopkins University, 1993).

[84] Mckinsey Global Institute, "*Putting China's Capital to Work: The Value of Financial System Reform*", 2006.

[85] Niloy Bose and Richard Cothren, "Asymmetric Information and Loan Contracts in a Neoclassical Growth Model", *Journal of Money, Credit and Banking* (29), 1997.

[86] Pagano. Macro, "Financial Markets and Growth: An Overview", *Financial Markets Group Discussion Paper*, No. 153, London School of Economics, 1992.

[87] Patrick H. T., "Financial Development and Economic Growth in Underdeveloped Countries", *Economic Development and Cultural Change* (14), 1966.

[88] Ricardo J. Caballreo, Emmanuel Farhi, Mohamad and Pierre-Olivier Gourinchas., "An Equilibrium Model of 'Global Imbalances' and Low Interest Rates", *NBER Working Paper*, No. 11996, 2006.

[89] Rioja, F. and N. Valev, "Finance and the Source of Growth at Various Stage of Economic Development", *Economic Inquiry* (42), 2004.

[90] Robert G. King and Ross Levine, "Finance and Growth: Schumpeter Might

be Right", *Quarterly Journal of Economics* (108), 1993.

[91] Rorbini, N. and Sala-I-Martin, X., "Financial Repression and Economic Growth", *Journal of Development Economics* (39), 1992.

[92] Rudiger Dornbush and Alejandro Reynoso, "Financial Factor in Economic Development", *American Economic Review* (79), 1989.

[93] Shaw, E., *Financial Deepening in Economic Development* (New York: Oxford University Press, 1973).

[94] Valerie R. Bencivenga, Bruce D. Smith, "Financial Intermediation and Endogenous Growth", *Review of Economic Studies* (58), 1991.

附录一 | 中国出口导向型工业化
增长方式的简要辨析

　　出口导向型工业化影响经济增长的机制较为复杂，需从总需求和总供给两个方面进行分析。从总需求角度考察，中国的净出口对国民经济的直接贡献并不算突出。无论是同公认的贸易出口大国德国、日本，长期带有出口导向型经济特征的韩国，还是同俄罗斯、巴西、印度和南非等新兴市场经济体相比，中国净出口占 GDP 的比重只是处于较高的水平。如图 1 所示，中国净出口占 GDP 的比重从 2007 年 8.8% 的高峰开始一路下滑，2010 年已下降至 3.98%，低于同期德国 5.47% 的水平。从 20 世纪 90 年代起，韩国净出口占 GDP 的比重发生剧烈波动，1998 年曾达到 12.18% 的高点，目前，这一指标和中国较为接近，2010 年达到 2.8%。即使净出口占 GDP 的比重相对较低的日本也只是从 2001 年才开始被中国持续超越。如图 2 所示，同新兴市场经济体相比，除了净出口占 GDP 的比重偏高的俄罗斯和偏低的印度（在许多年份甚至低于同期的贸易逆差大国美国）外，从 20 世纪 90 年代起，中国与南非和巴西相比，这一指标在许多年份并无明显差距。至于同许多欧洲小型发达经济体相比，中国净出口占 GDP 的比重更是相形见绌。2010 年，这一指标超过中国的欧洲小型发达经济体包括爱尔兰（19.1%）、奥地利（4.33%）、丹麦（5.29%）、荷兰（7.46%）、挪威（13.31%）、瑞典（6.04%）和瑞士（11.35%）①。

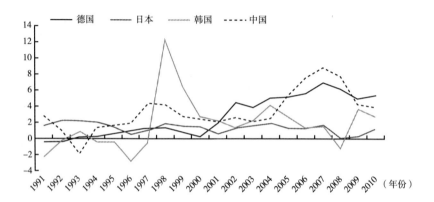

图 1　净出口占 GDP 比重的国际比较（一）

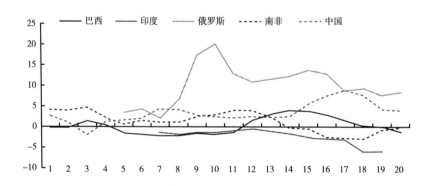

图 2　净出口占 GDP 比重的国际比较（二）

资料来源：除中国的指标根据 CEIC 提供的数据计算外，其余各国的指标都根据中经网统计数据库提供的数据计算。

---

①　括号内的数据为相应经济体净出口占 GDP 的比重，根据中经网数据库提供的数据计算。

　　因此，总的说来，中国的净出口对国民经济的直接贡献相对较小，且较为平稳。如图3所示，1989～2010年，中国净出口占GDP的比重平均为3.15%，并只有极少年份高于4%或为负值。这种状况即使到省级层面也未发生根本改变。如图4所示，1989～2010年，以出口导向型工业化特征较为明显的江苏省为例，其占GDP的比重平均为8.21%，并在4.5%～10.5%波动，净出口对经济增长的直接贡献仍然偏小。

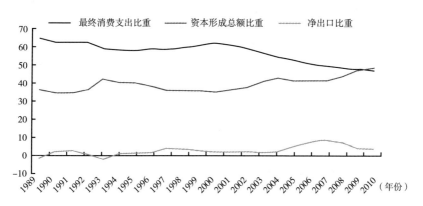

图3　中国 GDP 的需求结构

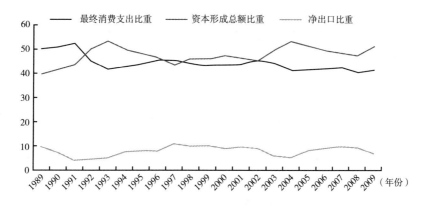

图4　江苏省 GDP 的需求结构

资料来源：相关数据均来自 CEIC，GDP 数据根据支出法核算。

与净出口在全国和大部分地区经济中似乎波澜不惊的表现不同，资本形成对国民经济的直接贡献却与日俱增。如图 3 所示，就全国范围而言，最终消费支出占 GDP 比重呈稳步下降趋势，从 1989 年的 65% 下降到 2010 年的 47%，第一次被资本形成总额占 GDP 比重超越；资本形成总额占 GDP 比重则表现出基本相反的变化趋势，从 1990 年、1991 年的 35% 上升至 2010 年的 48%。最终消费支出以及资本形成总额占 GDP 比重在江苏省的变化则更为突出。早在 1991 年，最终消费支出占 GDP 比重就已下降至 52%，进一步下降至 42%。资本形成则从 1989 年的不足 40%，上升至 2010 年的 51%。最终消费和资本形成在江苏省 GDP 需求结构中的相对地位几乎实现了对调。

为了进一步分析需求结构对经济增长的影响，我们还引用了按不变价格计算的中国三大需求对 GDP 增长拉动力的有关统计资料[①]。如图 5 所示，中国实际经济增长的需求结构变动大致可分 3 个阶段：① 1979 ~ 1992 年，当时社会主义市场经济体制改革目标尚在探索之中，资源配置效率差强人意，经济增长的需求结构特点表现为最终消费支出对增长的拉动作用大于资本形成的相应作用，又通常被学术界称为"工资侵蚀利润"时期。② 1993 ~ 2001 年，除了 1993 年、1994 年经济过热的年份，这一时期一直处于经济调整和推进市场化改革的状态，资本形成对增长的拉动作用再度低于消费支出，但两者波动性已经下降，可能反映了市场配置机制作用正日益得到发挥。③ 2002 年至今，以 2001 年年末中国加入 WTO 为契机，出口导向型工业化增长方式正式形成，市场配置机制作用得到更为广泛的发挥。这一时期，资本形成对增长的拉动作用持续超越最终消费支出。再结合最终消费支出对增长的拉动作用继续保持平稳

---

① 除非特别声明，本书所有指标均按当年价计算。

的条件，这一时期得以实现又好又快的增长。至于净出口对增长的拉动作用较缺乏规律性，更多具有残差的特点，有较大波动。由此可见，中国三大需求对实际经济增长的拉动作用反映出其对名义 GDP 影响的类似信息，即资本形成作用呈平稳上升趋势，并最终得以超越同期的最终消费，成为经济增长最重要的推动力。仅从这一点看，中国现有的经济增长方式更应被概括为投资推动型增长。

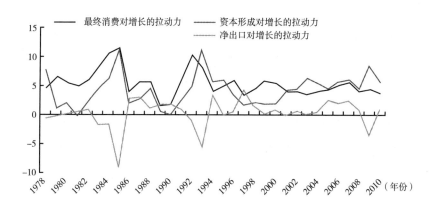

图 5　中国三大需求对 GDP 增长的拉动力

资料来源：相关数据均来自 CEIC，GDP 数据根据支出法核算。

上述对 GDP 及其增长的需求因素分析更多的还属于简单的统计描述，只有结合分析各供给因素之间的内在联系，才能更加准确把握出口导向型工业化增长方式的具体机制。鉴于投资活动在本质上属于受报酬递减规律制约的内生经济行为，除非具有可持续的技术来源，固定资产投资将很快因边际风险报酬下降到低于资金的时间价值（经济上通常又被称为无风险报酬）而被迫停止。很显然，作为后起经济体，中国在改革开放之初并不具备主要依赖自身力量推动技术进步的条件。当时人均 GDP 仍然偏低，并有大量的农村剩余劳动力等待转移，而对技术进步至关重要的人力资本要素则高度匮乏。直到 20 世纪 90

年代初，中国人均 GDP 也只有 400 美元左右，仍处于世界后列。直到 20 世纪 90 年代末，中国 12 亿人口仍有 9 亿生活在农村。正是在这样的资源禀赋初始条件约束下，中国推动固定资产投资活动的相关技术在很长一段时期里只能主要依赖从发达经济体的外部引进。考虑到外部技术引进归根结底需要经过进口环节，进口很可能成为固定资产投资的决定因素。如图 6 所示，直到 2008 年国际金融危机爆发之前，江苏省进口增长同固定资本形成特别是第二产业固定资本形成具有高度相关性。之所以在固定资本形成中进一步区分了第二产业固定资本形成，是因为主要由工业组成的第二产业，其固定资本形成多属于企业投资，最接近于受外部技术引进制约的投资活动。从 20 世纪 90 年代起，江苏省进口增长变化在大多情况下领先或同步于固定资本形成和第二产业固定资本形成的变化。只是到了国际金融危机爆发后，由于国内反危机政策的作用，江苏省进口同固定资本形成之间的密切联系才被暂时中断。至于第二产业固定资本形成，由于缺乏江苏省 2009 年以后的数据，其变化尚难做出准确判断。由此可见，出口导向型工业化在实质上就可概括为由外部技术引进推动的国内要素和资本积累。这样的经济增长方式之所以可行，关键在于在改革开放后的很

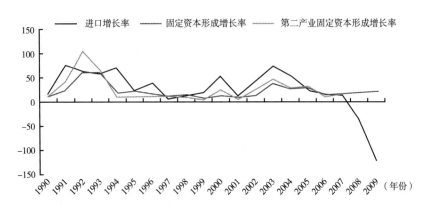

图 6　江苏省进口、固定资本形成和第二产业固定资本形成增长

资料来源：本表根据 CEIC 提供的相关数据计算。

长一段时期里，中国拥有规模巨大的过剩劳动力，但缺乏必要的技术，而发达经济体的资源禀赋结构正好相反。通过引进技术推动中国国内的资本积累，并吸收相应的过剩劳动力，就能够在中国和发达经济体之间形成有效的国际分工，推动双方的经济增长。

同样重要的是，中国规模巨大的过剩劳动力还为干中学的经济增长机制充分发挥作用提供了先天优势。所谓干中学，是指这样的一种增长机制，即随着经济产出扩大和固定资产投资规模上升，生产者的经验将得到积累，进而提高生产率。很显然，只要存在可持续的技术来源，投资吸收的过剩劳动力越多，产出越大，干中学带来的经济增长效应就越显著。正是由于中国存在规模巨大的过剩劳动力，才保证了干中学的经济增长机制作用得到充分发挥，并在国际市场上获得了低生产成本的优势。由干中学带来的低生产成本优势还缓解了由于劳动力成本低廉产生的国内市场需求不足难题，通过出口促进了市场出清，并获得进口所需的宝贵的外汇。因此，规模巨大的过剩劳动力正是使得出口导向型工业化增长方式在中国落地生根的关键因素之一。

综上所述，结合上文对 GDP 及其增长的需求和供给分析，出口导向型工业化增长方式在实质上就是由外部技术引进推动的国内要素和资本积累，其具体机制依次包括：通过进口引进必要的技术，进而带动固定资产特别是以工业为主的第二产业固定资产投资（在 GDP 核算上就体现为相应的固定资本形成）。通过投资吸收大量过剩劳动力，并由此获得干中学的低生产成本优势。借助干中学带来的低生产成本优势，增加出口，促进产品市场出清。由此可见，尽管仅从需求角度看，净出口对国民经济的直接贡献并不突出，而且波动性较大，但其对出口导向型工业化经济增长方式的顺畅运行却至关重要。可以毫不夸张地说，进口就是出口导向型工业化增长方式运行的起点，出口则是运行的终点。正是在这个意义上，我们才将中国现行增长方式概括为出口导向型工业化。

金融部门资产负债表

一 中国现行的金融部门资产负债表统计体系简介

从理论上讲，金融部门资产负债表应包括两个层次：①金融各分部门（含央行、银行、保险、证券和信托业等）资产负债表（汇总表）。②包含所有金融机构的金融部门合并资产负债表。其中，金融部门合并资产负债表由金融各分部门资产负债表（汇总表）累加并扣除金融机构间债权债务合并而成。由此可见，编制完备的金融分部门资产负债表是形成金融部门合并资产负债表的基础。

然而，在现实中，由于金融分部门资产表（汇总表）编制存在诸多不足，中国至今尚无法编制包含所有金融机构的金融部门合并资产负债表。①金融分部门资产表（汇总表）编制的时间前后不一。货币当局和其他存款性公司资产负债表在 1997 年就开始编制，保险公司和证券公司资产负债表

（汇总表）的编制则分别推迟至 2007 年和 2008 年，信托业资产负债表的编制更是推迟至 2010 年。②部分金融分部门资产负债表（汇总表）的编制存在时滞。如保险公司和证券公司资产负债表（汇总表）的编制就滞后于货币当局和其他存款性公司资产负债表 1 年。③部分金融分部门资产负债表（汇总表）结构细分不够，不能充分反映金融机构间债权债务关系，并妨碍金融部门合并资产负债表的编制。如保险公司和证券公司资产负债表（汇总表）分别包含两者对其他金融机构的债权债务，但在货币当局和其他存款性公司资产负债表却并没有细分对保险公司和证券公司的债权债务。

因此，中国目前形成了两套不完整的金融机构资产负债表系列。其一，就是由货币当局和其他存款性公司资产负债表合并而成的存款性公司概览。如表 1 所示，2011 年存款性公司概览就是同年度的存款性公司资产负债表简表。表 2、表 3 分别代表 2011 年的货币当局和其他存款性公司资产负债表。存款性公司概览的编制过程可概括如下：①存款性公司概览的国外净资产项，由其他存款性公司国外净资产和央行国外净资产相加而得。②存款性公司概览国内信贷中的对政府债权项，由其他存款性公司对政府债权加上央行对政府债权，减去央行中的政府存款，实质上相当于存款性公司持有的政府净债权。③存款性公司概览国内信贷中的对非金融部门债权项，由其他存款性公司对非金融机构和其他居民部门债权以及央行对非金融机构债权相加而得。④存款性公司概览国内信贷中的对其他金融公司债权项，由其他存款性公司对其他金融性公司债权和央行对其他金融性公司债权相加而得。⑤存款性公司概览货币和准货币项，由流通中货币（实质反映其他居民部门对央行债权）、其他存款性公司中的纳入广义货币存款和央行中的纳入广义货币存款相加而得。其中，流通中货币由央行储备货币中的货币发行减去其他存款性公司的库存现金而得。⑥存款性公司概览不纳入广义货币的存款项系其他

表1　2011年存款性公司概览

单位：十亿元

国外净资产	25164.45	准货币	56174.32
国内信贷	68797.16	准货币：定期存款	16661.6
国内信贷：对政府债权	4236.392	准货币：储蓄存款	35279.75
国内信贷：对非金融部门债权	60063.45	准货币：其他存款	4232.969
国内信贷：对其他金融部门债权	4497.315	不纳入广义货币的存款	1680.907
负债：货币和准货币	85159.09	债券	7540.969
货　币	28984.77	实收资本	2886.175
货币：流通中现金	5074.85	其他（净）	-3305.53
货币：活期存款	23909.92		

表2　2011年其他存款性公司资产负债表

单位：十亿元

总资产	113786.7	nf：纳入广义货币的存款：活期存款	23909.92
国外资产	2421.174	nf：纳入广义货币的存款：定期存款	16661.6
储备资产	17642.2	nf：纳入广义货币的存款：储蓄存款	35279.75
储备资产：准备金存款	17300.41	nf：不纳入广义货币的存款	1680.907
储备资产：库存现金	510.1574	nf：不纳入广义货币的存款：可转让存款	711.8482
对政府债权	4969.785	nf：不纳入广义货币的存款：其他存款	969.0586
央行债券	2232.396	nf：其他负债	472.2111
对其他存款性公司债权	17946.6	对中央银行负债	676.3862
对其他金融性公司债权	3432.918	对其他存款性公司负债	8508.198
对非金融机构债权	46539.52	对其他金融性公司负债（fc）	5221.089
对其他居民部门债权	13521.44	fc：纳入广义货币的存款	4232.969
其他资产	5422.467	国外负债	776.5864
总负债	113786.7	债券发行	7540.969
对非金融机构及家庭负债（nf）	78004.39	实收资本	2864.2
nf：纳入广义货币的存款	75851.27	其他负债	10194.89

表3　　2011年货币当局资产负债表

单位：十亿元

总资产	28097.76	总负债	28097.76
国外资产	23789.81	储备货币	22464.18
国外资产:外汇	23238.87	储备货币:货币发行	5585.007
国外资产:黄金	66.984	储备货币:其他存款性公司存款	16879.17
国外资产:其他	483.9492	不计入储备货币的金融性公司存款	90.83654
对政府债权	1539.973	发行债券	2333.666
对其他存款性公司债权	1024.754	国外负债	269.9438
对其他金融性公司债权	1064.397	政府存款	2273.366
对非金融机构债权	2.498933	自有资金	21.9752
其他资产	676.3309	其他负债	643.7969

　　* 根据2009年《中国金融年鉴》的定义，货币当局指中国人民银行，其他存款性公司包括：（1）政策性银行。（2）商业银行。①国有商业银行。②股份制商业银行。③城市银行。④农村商业银行。⑤合作金融机构，包括城市信用社、农村信用社、农村合作银行。⑥外资金融机构。⑦中国邮政储蓄银行。⑧财务公司，其他金融性公司，包括保险公司和养老金基金（企业年金）、信托投资公司、金融租赁公司、资产管理公司、汽车金融服务公司、金融担保公司、证券公司、投资基金、证券交易所、其他金融辅助机构。

　　资料来源：CEIC*。

存款性公司的不纳入广义货币的存款。⑦存款性公司概览债券项系其他存款性公司的债券发行。⑧存款性公司概览实收资本项由其他存款性公司实收资本和央行自有资金相加而得。⑨存款性公司概览负债中的其他项共有如下部分组成：存款性公司债权债务（-）①。存款性公司债权债务由其他存款性公司与央行债权债务和其他存款性公司间债权债务组成。其中，其他存款性公司与央行债权债务又分别包括其他存款性公司对央行的净债权和央行对其他存款性公司的

---

　　①　由于存款性公司概览中的其他项反映在负债方，括号内的加号和减号分别代表对相应资产和负债类项目的最终处理。

净债权两部分。其他存款性公司对央行的净债权由其他存款性公司的储备资产加上持有的央行债券，再减去其对央行的负债而得；央行对其他存款性公司的净债权由央行对其他存款性公司债权，减去其他存款性公司库存现金、其他存款性公司储备资产中在央行存款和其他存款性公司持有的央行债券而得。其他存款性公司间债权债务则等于其他存款性公司间债权减去债务，即其他存款性公司间净债权。其他金融性公司在央行的非储备货币存款（－）。由金融性公司非储备货币存款减去其他存款性公司非储备货币存款而得。其中，其他存款性公司非储备货币存款即为其他存款性公司在央行存款减去其储备货币存款的差额。央行发行的债券被其他金融性公司持有的部分（－）。由央行债券发行减去其他存款性公司持有的央行债券而得。存款性公司其他资产（－）。由其他存款性公司其他资产和央行其他资产相加而得。存款性公司的其他资本金项（＋）。由其他存款性公司和央行的其他负债相加而得。错误和遗漏（＋）。

其二，就是金融机构人民币信贷收支表。如表 4 所示，金融机构人民币信贷收支表实质上是另一种形式的资产负债表，其中，资金运用项类似于资产负债表中的资产项，资金来源项类似于资产负债表中的负债及所有者权益项。金融机构人民币信贷收支表同存款性公司概览的最大区别就是除了央行和商业银行外，金融机构的统计范围还包括部分其他金融性公司，即信托投资公司、金融租赁公司和汽车金融服务公司。金融机构人民币信贷收支表的编制过程可概括如下：①金融机构人民币信贷收支表货币项由其他存款性金融机构和其他金融性公司的广义货币存款组成，包括企业存款、个人存款、财政存款、临时存款、信托存款和其他存款等 5 个部分。②金融机构人民币信贷收支表金融债券项由央行、其他存款性金融机构和其他金融公司的债券发行相加而得。③金融机构人民币信贷收支表流通中货币项同存款性公司概览中的流通中货币项

表4　2011年金融机构人民币信贷收支表

单位：百万元

资金来源和运用	91322633	其他（净）	4229424
存款	80936833	贷款	54794669
企业存款	41091205	国内贷款	54639825
个人存款	35353643	证券组合投资	9647939
财政存款	2622307	股权及其他投资	1282472
金融债券	1003883	金银占款	66984
流通中现金	5074846	外汇占款	25358701
对国际金融机构负债	77646	对国际金融机构资产	171867

＊根据中国人民银行网站提供的信息。表中金融机构包括央行、商业银行、信托投资公司、金融租赁公司和汽车金融服务公司。

资料来源：CEIC＊。

相等。④金融机构人民币信贷收支表其他项同样包括金融机构间债权债务、金融机构其他资产、实收资本、资本金其他项目以及错误和遗漏等内容，只是金融机构统计外延比存款性公司概览要大。⑤金融机构人民币信贷收支表国内贷款项、证券组合投资项以及股权和其他投资项相加就是存款性公司概览的国内信贷项，由存款性公司对政府债权、对非金融部门债权和对其他金融机构债权组成。由于金融机构人民币信贷收支表统计范围包括了部分非银行金融性公司，存款性公司对其他金融性公司债权将有所下降，该表中国内贷款、证券组合投资以及股权和其他投资3项累计低于存款性公司概览的国内信贷规模。⑥根据人民银行的金融统计常用指标释义，国内贷款指银行业金融机构对非金融企业、个人、机关团体以贷款、票据贴现、垫款、押汇等方式提供的融资总额。金融机构人民币信贷收支表的国内贷款区分为短期、长期、金融租赁、票据融资和循环贷款等5类。金融机构人民币信贷收支表（按部门分类）的国内贷款区分为家庭、非金融和其他部门贷款两大类。家庭贷款又分为消费贷款和经营贷款两类，并按短期、中长期贷款进一步细分。非金融和其他部门贷款按短期贷款和票据融资以及中长期贷款进行了细分。⑦根据人民银行的金融统计常用指标释义，有价证券及投资通常指银行业金融机构持有的国家债券、金融债券、其他债券等各类有价证券以及股本投资、信托投资、其他投资等各类投资。依此类推，金融机构人民币信贷收支表的证券组合投资指金融机构债券等有价证券投资，股权及其他投资指金融机构股本投资、信托投资、其他投资等各类投资。⑧将金融机构人民币信贷收支表的金融机构金银占款、外汇占款和对国际金融机构净资产合并为金融机构国外部门净资产。

二　金融机构资产负债表的编制

由于许多类型的其他金融性公司资产负债表（汇总表）仍然没有得到编制，中国目前尚不具备编制包含所有金融机构的金融部门合并资产负债表的条件，本书将尝试编制包括央行、商业银行和部分其他金融性公司（含保险公司、证券公司、信托投资公司金融租赁公司和汽车金融服务公司）的金融机构资产负债表。金融机构资产负债表的编制分三步走：第一步，将金融机构人民币信贷收支表转换成金融机构资产负债表的形式。第二步，将保险公司和证券公司以及信托投资公司的资产负债表简化成便于并入金融机构资产负债表形式。第三步，将证券公司和信托投资公司资产负债表并入金融机构资产负债表。

（一）将金融机构人民币信贷收支表转换成金融机构资产负债表形式

如表5所示，将金融机构人民币信贷收支表转换成金融机构资产负债表

表5　由金融机构人民币信贷收支表转换而成的金融机构资产负债表

单位：百万元

年份	2000	2001	2002	2003	2004	2005	2006	2007	2008	2009	2010
资　产	13390160	15429400	18244246	22531326	26273995	30204284	36523017	45426797	53840559	68187479	80587909
各项贷款	9937107	11231470	13129393	15899623	17819778	19469039	22534720	26169088	30339464	39968482	47919555
有价证券及投资	1965107	2311265	2678973	3025947	3093101	3494213	3949087	6278996	6530187	8664315	9852606
金银占款	1204	25600	33724	33724	33724	33724	33724	33724	33724	66984	66984
外汇占款	1429114	1785643	2322334	3484692	5259102	7121112	9898027	12837732	16843111	19311247	22579514
在国际金融机构资产	57628	75422	79822	87340	68290	86196.2	107459.3	107257.3	94073	176451	169250
负债及实收资本	13390160	15055077	18244246	22531325	26273986	30204284	36523017	45426797	53840559	68187478	80587909
各项存款	12380435	14361717	17091740	20805559	24142432	28716952	33545978	38937115	46620332	59774110	71823793
金融债券	3019	5138	9034	222627	395467	567279	648335	1150504	2085248	1620341	1352685
流通中现金	1465265	1568880	1727803	1974599	2146830	2403167	2707262	3033432	3421896	3824597	4462817
对国际金融机构负债	36832	48451	42305	48257	56229	64157.04	92633.75	94728.209	73259	76172	72008
其他（净）	-1235061	-1695089	-1828309	-1614627	-1663912	-2626901	-1803287	-13201801	-557259	563223	130170.5
实收资本	739670	765980	899200	1094910	1196940	1079630	1332095	15412819	2197083	2329035	2746435

资料来源：CEIC。

形式就是将前者的资金运用和来源项分别转化为后者的资产、负债及实收资本项。具体地讲，金融机构资产负债表在形式上与金融机构人民币信贷收支表的区别在于：①在金融机构资产负债表中，各项贷款和存款项不再细分。②将证券组合投资、股权及其他投资合并为有价证券及其他投资。③将实收资本项从金融机构人民币信贷收支表中单列出来。换言之，金融机构资产负债表中的其他项由金融机构人民币信贷收支表中的其他项减去实收资本项而得。

（二）保险公司和证券公司资产负债表的简化

为了便于将保险公司资产负债表并入金融机构资产负债表，需将表6所示的保险公司资产负债表简化为表7所示的形式，其方法为：①将保险公司资产负债表货币资本、定期存款、被保险的存款和投资、买入返售金融资产和卖出回购金融资产等项归入保险公司资产负债简表其他项中的保险对非保险金融机构债权债务项①。②将保险公司资产负债表交易性金融资产、可供出售金融资产和长期股权投资等项归入保险公司资产负债简表有价证券及投资项。③将保险公司资产负债表应收保费项、应付赔付款、应付保单红利和固定资产等项归入保险公司资产负债简表其他项中的其他资产②。④将保险公司资产负债表保单质押贷款和贷款项归入保险公司资产负债简表各项贷款项。⑤将保险公司资产负债表保险保障基金、未到期责任金、未决赔付准备金、寿险责任准备金和长期健康险责任准备金等项合并为保险公司资产负债简表保险准备金项。⑥将保险公司资产负债表实收资本归入保险公司资产负债简表的实收资本项。⑦将

---

① 卖出回购金融资产项为减项。
② 应付赔付款和应付保单红利项为减项。

保险公司资产负债表中的资本公积、盈余公积和留存收益归入保险公司资产负债简表其他项中的资本金其他项目。⑧保险公司资产负债简表错误和遗漏项借助保险公司资产与负债及实收资本的平衡关系，由负债及实收资本项扣除保险准备金、实收资本项和资本金其他项目而得。

表6 2010 年保险公司资产负债表

单位：百万元

资 产	5048161	卖出回购金融资产	272069.7
货币资本	345802.2	保险保障基金	1886.05
交易性金融资产	111471.2	应付赔付款	42943.16
买入返售金融资产	43985.6	应付保单红利	87680.94
应收保费	31932.93	未到期责任金	193732.4
保单质押贷款	40718.48	未决赔款准备金	171865
贷 款	175420.5	寿险责任准备金	2714131
定期存款	1022913	长期健康险责任准备金	128697.1
可供出售金融资产	1629784	被保险的存款和投资	567806.3
持有至到期投资	1218927	实收资本	206575.7
长期股权投资	119052.3	资本公积	163292.4
固定资产	70565.41	盈余公积	11618.34
负债及所有者权益	5048161	未分配利润	62812.85

资料来源：CEIC。

表7 保险公司资产负债简表

单位：百万元

	2007	2008	2009	2010
资 产	2493642	2694138	3176293	3840073
保险公司对非保险金融机构的债权债务	527181.5	575476.2	505418.6	572824.5
有价证券及投资	1925325	2072758	2532465	3079235
其他资产	-32538.5	-9353.48	-32593.7	-28125.8
贷 款	73673.99	55257.27	171003	216139
负债和实收资本	2493642	2694138	3176293	3840073
保险准备金	2027714	2430136	2549739	3081615
实收资本	100775.7	129719.6	187852.8	206575.7
其他资本金项目	246802.8	72126.59	174658.9	237723.6
错误和遗漏	118348.8	62156.66	264042	314158.3

资料来源：根据 CEIC 提供的数据整理。

　　运用类似的方法将如表 8 所示的证券公司资产负债表（汇总表）简化，其过程可概括如下：①将证券公司资产负债表货币资金、拆出资金、融出资金、融出证券、买入返售金融资产、存出准备金、短期借款、拆入资金、卖出回购金融资产款以及与结算资金有关的项目归入证券公司资产负债简表其他项中的证券公司对非证券公司的债权债务项①。其中，与结算资金有关项目包括结算备付金、应收利息、应付利息、代理买卖证券款和信用交易代理买卖证券款等项②③。②将证券公司资产负债表交易性金融资产、可供出售金融资产、持有至到期投资、长期股权投资、投资性房地产、交易性金融负债、长期借款和应付债券等项归入证券公司资产负债简表有价证券及投资项。③将证券公司资产负债表衍生金融资产、固定资产、无形资产、商誉、递延所得税资产、其他资产、衍生金融负债、代理承销证券款、应付职工薪酬、应交税费、预计利息、递延所得税负债和其他负债等项归入证券公司资产负债简表其他项中的其他资产项④。④将证券公司资产负债表实收资本项归入证券公司资产负债简表实收资本项。⑤将证券公司资产负债表资本公积、盈余公积、一般风险准备、交易风险准备、未分配利润和外币报表折算差额等项归入证券公司资产负债简表其他项中的资本金其他项目。⑥证券公司资产负债简表错误和遗漏项借助证券公司资产与负债及实收资本的平衡关系，由负债及实收资本项扣除实收资本和资本其他项目而得。

---

① 短期借款、拆入资金项和卖出回购金融资产款为减项。

② 应付利息、代理买卖证券款和信用交易代理买卖证券款项为减项。

③ 根据资金流量表（金融交易）的格式，结算资金应该单列，但由于其他金融部门资产负债表并没有细分结算资金，我们将证券公司与结算资金有关的项目归入金融机构间债权债务项。

④ 衍生金融负债、递延所得税负债和其他负债为减项。

表8 2010年证券公司资产负债表

单位：百万元

资　产	1968613	负债及所有者权益	1968613
货币资金	1094810	短期借款	0
其中:客户资金存款	894322	其中:质押借款	0
客户信用资金存款	604	拆入资金	0
自有信用资金存款	1053	交易性金融负债	69
结算备付金	326484	衍生金融负债	501
其中:客户备付金	312933	卖出回购金融资产款	78031
信用备付金	583	代理买卖证券款	1227045
拆出资金	0	信用交易代理买卖证券款	575
融出资金	12709	代理承销证券款	6006
融出证券	11	应付职工薪酬	30877
交易性金融资产	204022	应交税费	17050
其中:抵押证券	1264	应付利息	522
衍生金融资产	1213	预计负债	591
买入返售金融资产	40073	长期借款	10130
应收利息	2577	应付债券	1502
存出保证金	24220	递延所得税负债	2912
其中:交易保证金	19277	其他负债	25366
履约保证金	1589	其中:应付款项	13750
可供出售金融资产	130997	其他应付款项	1421
持有至到期投资	5427	代理兑付债券款	329
长期股权投资	66400	负债合计	1401177
投资性房地产	1434	实收资本(或股本)	189195
固定资产	27548	资本公积	139981
其中:在建工程	3744	减:库存股	0
无形资产	6028	盈余公积	34781
其中:交易席位费	1015	一般风险准备	35251
商　誉	656	交易风险准备	33040
递延所得税资产	6002	未分配利润	135188
其他资产	18001	外币报表折算差额	0
其中:应收融资融券客户款	61		
应收款项	10824		
应收股利	3		
抵债资产	267		

资料来源：Infobank。

表 9 证券公司资产负债简表

单位：百万元

年份	2008	2009	2010
资 产	954403	1677463	1441083
证券公司对非证券金融机构的债权债务	764301	1382374	1069572
有价证券及投资	206197	325727	396579
其他资产项	−16095	−30638	−25068
负债及实收资本	954403	1677463	1441083
结算资金	602920	1211055	899081
实收资本	164085	171685	189195
资本金其他项目	194399	312354	378241
错误和遗漏	−7001	−17631	−25434

资料来源：根据 Infobank 提供的数据整理。

（三）将保险公司资产负债简表和证券公司资产负债简表并入金融机构资产负债表

为了便于将保险公司资产负债简表并入金融机构资产负债表，将保险公司资产负债简表继续转换为如表 10 所示的保险公司概览，其方法可概括如下：①将保险公司资产负债简表有价证券及投资、贷款、保险准备金和实收资本项分别归入保险公司概览的对应项目。②保险公司概览资产项由同表的有价证券及投资和贷款项相加而得。③保险公司概览其他项由保险公司对非保险金融机构债权债务（−）、其他资产（−）、资本金其他项目（＋）、错误和遗漏项（＋）共同组成①。④保险公司概览负债及实收资本项由保险准备金、其他和实收资本项相加而得。⑤保险公司概览资产与负债及实收资本项相等。

---

① 由于保险公司概览中的其他项反映在负债方，括号内的加号和减号分别代表对相应资产和负债类项目的最终处理。

表 10　保险公司概览

单位：百万元

年份	2007	2008	2009	2010
资　产	1998999	2128016	2703468	3295374
有价证券及投资	1925325	2072758	2532465	3079235
贷　款	73673.99	55257.27	171003	216139
负债及实收资本	1998999	2128016	2703468	3295374
保险准备金	2027714	2430136	2549739	3081615
其他(净)	-129491	-431839	-34124.1	7183.27
实收资本	100775.7	129719.6	187852.8	206575.7

资料来源：根据 CEIC 提供的数据整理。

同样，为了便于将证券公司资产负债简表并入金融机构资产负债表，将证券公司资产负债简表继续转换为如表 11 所示的证券公司概览，其方法可概括如下：①将证券公司资产负债简表有价证券及投资、结算资金和实收资本项分别归入证券公司概览的对应项目。②证券公司概览资产项即为同表的有价证券及投资项。③证券公司概览其他项由证券公司对非证券金融机构债权债务（-）、其他资产（-）、资本金其他项目（+）、错误和遗漏项（+）共同组成①。④证券公司概览负债及实收资本项由结算资金、其他和实收资本项相加而得。⑤证券公司概览资产与负债及实收资本项相等。

将保险公司概览和证券公司概览的项目分别并入如表 5 所示的金融机构资产负债表，可得如表 12 所示的包含保险公司和证券公司的金融机构资产负债表。需要指出的是，表 12 并不总是具有可比性。① 2000~2006 年通常只包含央行、商业银行、信托投资公司、租赁公司、汽车金融公司数据，但金融机构

---

① 由于保险公司概览中的其他项反映在负债方，括号内的加号和减号分别代表对相应资产和负债类项目的最终处理。

表11　证券公司概览

单位：百万元

年份	2008	2009	2010
资　产	206197	325727	396579
有价证券及投资	206197	325727	396579
负债及实收资本	206197	325727	396579
结算资金	602920	1211055	899081
其他(净)	−560808	−1057013	−691697
实收资本	164085	171685	189195

资料来源：根据 Infobank 提供的数据整理。

统计口径也经常发生调整①。②从 2007 年开始增加了保险公司数据。③从 2008 年开始又增加了证券公司数据。④从 2010 年开始单列信托投资公司的实收资本数据。

（四）对中国金融机构资产负债表变动的简要分析

考虑到非银行金融机构资产负债表时间序列较短，只对包含银行、信托投资公司、金融租赁公司和汽车金融公司的金融机构资产负债表变动进行简要分析。如图 1 所示，从 2000 年起，中国金融机构总资产，特别是各项贷款呈加速增长趋势。这一特征在 2007 以后变得更加明显。与此同时，金融机构

---

① 2003 年 3 月，金融机构统计口径包括人民银行、银行业存款类金融机构、信托投资公司和租赁公司。金融机构统计口径基本稳定，主要的变化：（1）2005 年 6 月，金融机构中增加了农村合作银行。（2）2009 年 6 月，金融机构增加了村镇银行和汽车保险公司，其中村镇银行归入银行业存款类金融机构大类。（3）其他商业银行尽管统计口径变动较大，但最终并入股份制银行大项下，同样属于银行业存款类金融机构范畴。2003 年 9 月，其他商业银行包括交通银行、中信实业银行、光大银行、华夏银行、民生银行、广东发展银行、深圳发展银行、招商银行、上海浦东发展银行、福建兴业银行、烟台住房银行。2003 年 12 月，其他商业银行增加了恒丰银行，减少了烟台住房银行。2004 年 12 月，增加了浙商银行。2006 年 9 月，增加了渤海银行。2007 年 3 月增加了中德住房储蓄银行。2008 年 3 月，减少了中德住房储蓄银行。

表 12　包含保险公司和证券公司的金融机构资产负债表

单位：百万元

年份	2000	2001	2002	2003	2004	2005	2006	2007	2008	2009	2010
资　产	13390160	15429400	18244246	22531326	26273995	30204284	36523017	47425796	56174772	71216674	84279862
各项贷款	9937107	11231470	13129393	15899623	17819778	19469039	22534720	26242762	30394721	40139485	48135694
有价证券及投资	1965107	2311265	2678973	3025947	3093101	3494213	3949087	8204321	8809142	11522507	13328419
金银占款	1204	25600	33724	33724	33724	33724	33724	33724	33724	66984	66984
外汇占款	1429114	1785643	2322334	3484692	5259102	7121112	9898027	12837732	16843111	19311247	22579514
在国际金融机构资产	57628	75422	79822	87340	68290	86196.2	107459.3	107257.3	94073	176451	169250
负债及实收资本	13390160	15055077	17941773	22531325	26273986	30204284	36523017	47425796	56174772	71216673	84279862
负　债	12650490	14289097	17042573	21436415	25077046	29124654	35190922	31912201	53683884	68528100	81063874
各项存款	12380435	14361717	17091740	20805559	24142432	28716952	33545978	38937115	46620332	59774110	71823793
金融债券	3019	5138	9034	222627	395467	567279	648335	1150504	2085248	1620341	1352685
流通中现金	1465265	1568880	1727803	1974599	2146830	2403167	2707262	3033432	3421896	3824597	4462817
对国际金融机构负债	36832	48451	42305	48257	56229	64157.04	92633.75	94728.209	73259	76172	72008
保险准备金								2027714.4	2430136	2549739	3081615
结算资金									602920	1211055	899081
其他（净）	-1235061	-1695089	-1828309	-1614627	-1663912	-2626901	-1803287	-13331292	-1549906	-527914	-628125
实收资本	739670	765980	899200	1094910	1196940	1079630	1332095	15513595	2326803	2516888	2953011

资料来源：CEIC, Infobank。

负债，特别是各项存款也表现出类似的增长趋势。除了 2007 年这个宏观调控的短暂年份，金融机构资产与负债几乎是高度重合的。这就意味着金融机构的实收资本增长较为平稳，任由上述信贷扩张趋势发展下去，可能会过度累积金融风险。

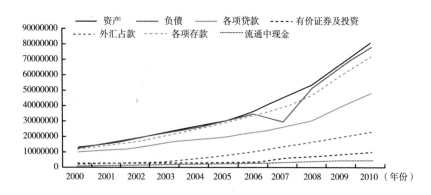

图 1　金融机构资产负债表变动

资料来源：CEIC。

三　小结：本书估算方法的特点

如果将金融机构的交易区分为 3 大类，即金融部门与实体部门的金融交易、金融部门与实体部门的实体交易、金融部门内部的金融交易，那么，金融机构资产负债表按统计口径宽窄也有三种估算方法：①窄口径，该种估算方法只统计金融部门与实体部门的交易，同时，将金融部门与实体部门的实体交易以及金融部门内部的金融交易尽可能地剔除出去；②中口径，该种估算方法只剔除金融部门内部的金融交易；③宽口径，该种估算方法涵盖金融机构的所有三大类交易。很显然，本书使用的金融机构资产负债表编制方法属于窄口径的估算方法。

由于使用净值法来剔除相关交易的影响，上述金融机构资产负债表3种估算方法之间存在密切联系。与窄口径估算方法相比，根据中口径估算方法编制的金融机构资产负债表只是将其他资产和其他负债（含资本金其他项目）单列，而不计算其净值。相反，在窄口径的估算方法中，其他资产和其他负债则归入其他（净）项。根据宽口径估算方法编制的金融机构资产负债表则进一步将金融机构间债权债务单列，而不计算其净值。相反，在窄口径的估算方法中，金融机构间债权债务是作为净值归入其他（净）项中。

出于研究目的不同，金融机构资产负债表编制方法也存在选择差异。考虑到金融机构作为中介的特殊性质，金融部门与实体部门的实体交易影响不大，以致窄口径与中口径编制方法差距也较小。因此，在现实研究中，多采用窄口径和宽口径两种估算方法。曹远征、马骏（2012）的研究采用的就是宽口径的估算方法[①]。人民银行编制的存款性公司概览和金融机构人民币信贷收支表以及本书编制的金融机构资产负债表采用的则是窄口径的估算方法。由于其他资产和其他负债净值是个绝对值不大的正实数，金融机构间债权债务加总净值在理论上更是接近于零，这就造成窄口径和宽口径估算方法差距较大。以2011年为例，以宽口径估算的央行和商业银行总资产为141.88万亿元，以窄口径估算则只有95万亿元，两者相差高达46.88万亿元，后者比前者少了近1/3[②]。单纯从国民资产负债表编制技术角度考察，采用宽口径估算方法编制金融机构资产负债表似乎更加合理。严格地讲，人民银行编制的存款性公司概览和金融机构人民币信贷收支表以及本文编制的金融机构资产负债表应该属于

[①]　曹远征、马骏：《问计国家资产负债表》，《财经》2012年6月。

[②]　宽口径估算的央行和商业银行总资产根据表2存款性公司资产负债表、表3货币当局资产负债表的总资产相加而得，窄口径估算的央行和商业银行总资产根据表1存款性公司概览的国外净资产和国内信贷项相加，再加上表2、表3提供的商业银行和央行提供的国外负债数据而得。

资产负债表退化表，损失了资产负债表的部分信息。不过，采用窄口径估算方法编制金融机构资产负债表不仅能突出金融机构中介性质，而且便于集中分析金融部门对实体部门提供的融资服务。因此，这里选择了窄口径估算方法。总之，金融部门资产负债表不同估算方法可以互相印证，更全面地反映金融部门和实体部门的相互影响。

后　记

　　本书根据本人 2007 年的博士后出站报告《中国高速经济增长过程中的货币金融扭曲——转轨经济中的信用扩张与收缩研究》改写而成。在该报告基础上，中国社会科学院经济研究所经济增长与宏观稳定课题组（2007）运用一个基于干中学的信贷扩张模型，将动员性货币金融体制概括为三驾马车，即国家隐性担保下的银行信贷扩张、兼顾经济增长和通货膨胀控制的货币政策和基于资本管制的固定汇率制。张磊（2010）则通过将生产的不确定性纳入干中学的增长模型，集中探讨了国家隐性担保下的银行信贷扩张风险控制的微观机制。尽管国家隐性担保会恶化信贷市场逆选择问题，但出口导向型工业化在产品市场结构上倾向于竞争性，造成投资项目具有数量多、期限短、规模小和不确定性程度低等一系列特点，保证了银行可以通过提前清算控制金融风险。很显然，中国社会科学院经济研究所经济增长与宏观稳定课题组（2007）的模型并未正式涉及经济的不确定性，其对金融风险的控制体现在由资产无套利条件推导出来的银行信贷扩张有效约束条件，即与国际收支平衡相匹配的通货膨胀率[1]。张磊（2010）的研究也只涉及生产的不确定性，并未对相应的风险控制机制正式建模[2]。不过，这些研究成果还是较好地解释了中国出口导向型工业化增长方式和动员性货币金融体制的相互匹配关系。究其原因，这与出口导向型工业化增长方式的国际经济风险分配格局密切相关。在出口导向型工业化增长方式下，中国经济的不确定性主要体现在产品生产上，并可通过干中学带来的学习效应逐步降低，技术创新和市场销售上的不确定性则由发达经济体集中承担。这就造成中国经济风险程度相对较低，也为控制国家隐性担保下的信贷扩张风险提供了有利条件。一方面，在出口导向型工业化增长方式下，中国较低的经济风险程度意味着选择投资时机的价值不大，国家隐性担保下的信贷扩张可以在通过银行提前清算控制风险的同时，为迅速投资和生产提供最为便利的融资服务。另一方面，发达经济体借助其具有足够深度和宽度的资本市场，以供给合格储蓄工具方式，聚集和处理在技术创新和市场销售上更高的风险，并可以为其经常项目赤字融资。与此相对应，类似中国这样的后起经济体则通过将包括经常项目顺差在内的各种形式的流入资本再投资于发达经济体资本市场，比如美国国债市场，达到转移风险、抑制信贷过度扩张的目的。

包括劳动力在内的国内要素价格飙升，特别是 2008 年下半年全球金融危机的爆发，加剧了中国转变出口导向型工业化增长方式的压力，也造成中国经济风险程度骤升，使得动员性货币金融体制风险控制机制面临全面失灵的危险，并对其提出市场化转型要求。为了对技术创新和城镇化高不确定性的长期投资项目提供有效融资，必须在解构国家隐性担保下的信贷扩张、实现信贷分

---

① 中国社会科学院经济研究所经济增长与宏观稳定课题组：《金融发展与经济增长：从动员性扩张向市场配置的转变》，《经济研究》2007 年第 4 期。

② 张磊：《后起经济体为什么选择政府主导型金融体制》，《世界经济》2010 年第 9 期。

离基础上稳健推进资本市场发展。因此，全面梳理出口导向型工业化增长方式和动员性货币金融体制的相互关系仍有重要意义，可以为进一步深入探讨经济增长与金融发展的相互作用打下良好的基础。正是基于这样的目的，本人在增长方式转变的背景下，重新修订了自己的博士后出站报告，形成此书。

本书的完成是与以下师长、同仁和朋友的帮助分不开的。首先，必须感谢中国社会科学院经济研究所经济增长与宏观稳定课题组的全体同仁。本书的主要思想和基本观点都是在课题组历次讨论中逐步形成的。可以毫不夸张地说社会科学院经济研究所经济增长与宏观稳定课题组就是我的兄弟连。其次，特别感谢张卓元、李学增、黄范章、张平和刘霞辉老师对本人生活的长期关心和研究工作的悉心指导。我的所有微不足道的进展都是与他们的帮助分不开的。最后，郑重感谢中国社会科学院经济研究所科研处的陆桦老师和人事处的全体同仁。陆老师为本书资助的获得积极和热情地进行联系，人事处的全体同仁为书稿的打印提供了便利。

学如逆水行舟，不进则退。本人希望继续努力，取得更多、更好的科研成果，回馈大家的关心和帮助。

图书在版编目(CIP)数据

中国经济高增长中的信贷扩张与金融扭曲/张磊著. —北京:
社会科学文献出版社,2013.7
ISBN 978 - 7 - 5097 - 4812 - 1

Ⅰ.①中… Ⅱ.①张… Ⅲ.①信贷管理 - 研究 - 中国 ②金融
市场 - 研究 - 中国 Ⅳ.①F832

中国版本图书馆 CIP 数据核字(2013)第 147205 号

中国经济高增长中的信贷扩张与金融扭曲

著　　者 / 张　磊

出 版 人 / 谢寿光
出 版 者 / 社会科学文献出版社
地　　址 / 北京市西城区北三环中路甲 29 号院 3 号楼华龙大厦
邮政编码 / 100029

责任部门 / 经济与管理出版中心 (010) 59367226　　责任编辑 / 陈凤玲
电子信箱 / caijingbu@ ssap. cn　　　　　　　　　责任校对 / 白桂芹
项目统筹 / 恽　薇　　　　　　　　　　　　　　责任印制 / 岳　阳
经　　销 / 社会科学文献出版社市场营销中心 (010) 59367081　59367089
读者服务 / 读者服务中心 (010) 59367028

印　　装 / 北京季蜂印刷有限公司
开　　本 / 787mm × 1092mm　1/16　　　　　印　　张 / 12.5
版　　次 / 2013 年 7 月第 1 版　　　　　　　字　　数 / 170 千字
印　　次 / 2013 年 7 月第 1 次印刷
书　　号 / ISBN 978 - 7 - 5097 - 4812 - 1
定　　价 / 45.00 元